HÁBITOS DE AUTODISCIPLINA DE LOS NAVY SEAL

CÓMO DESARROLLAR LA CONFIANZA EN SÍ MISMO, LOS HÁBITOS AUTOMÁTICOS DE AUTODISCIPLINA Y LA INTELIGENCIA EMOCIONAL DE ÉLITE CON UNA MENTALIDAD DE LIDERAZGO

CELIO SALOME

Copyright ©2020 por Celio Salome - Todos Los Derechos Reservados.

Aviso legal:

Este libro está protegido por derechos de autor. Es sólo para uso personal. No puede enmendar, distribuir, vender, usar, citar o parafrasear ninguna parte, o el contenido de este libro, sin el consentimiento del autor o editor.

Bajo ninguna circunstancia se podrá culpar o responsabilizar legalmente al editor, o al autor, por cualquier daño, reparación o pérdida monetaria debido a la información contenida en este libro, ya sea directa o indirectamente.

Aviso de exención de responsabilidad:

Por favor, tenga en cuenta que la información contenida en este documento es sólo para fines educativos y de entretenimiento. Se ha hecho todo lo posible por presentar una información precisa, actualizada, fiable y completa. No se declaran ni se implican garantías de ningún tipo. Los lectores reconocen que el autor no está involucrado en la prestación de asesoramiento legal, financiero, médico o profesional. El contenido de este libro se ha obtenido de varias fuentes. Por favor, consulte a un profesional autorizado antes de intentar cualquier técnica descrita en este libro.

Al leer este documento, el lector está de acuerdo en que bajo ninguna circunstancia el autor o el editor es responsable de ninguna pérdida, directa o indirecta, en la que se incurra como resultado del uso de la información contenida en este documento, incluyendo, pero sin limitarse a, errores, omisiones o inexactitudes.

ÍNDICE

Introducción v

1. La autodisciplina comienza por el autocontrol 1
2. Beneficios del autocontrol 17
3. Consejos psicológicos para mejorar el autocontrol .. 22
4. Aprende a desarrollar la autoconfianza 45
5. La motivación es el mejor combustible para alcanzar las metas 72
6. Así es el entrenamiento de los Navy Seal 90
7. Los secretos para concentrarse de los marines Navy Seals 96
8. Consejos de un SEAL para aumentar la tenacidad mental 125
9. Sé discreto como un marine 147
10. Sé un SEAL de resiliencia emocional 159

Conclusión 177

INTRODUCCIÓN

¿Has oído hablar de ese grupo militar llamado Navy SEAL? A lo mejor los has visto en películas, hombres altos, disciplinados, armados hasta los dientes y yendo a salvar países en nombre de los Estados Unidos.

Más allá del concepto que puedas tener de ellos, los SEALs son unos guerreros que para formarse tienen que pasar por pruebas que no son aptas para cualquier persona. Tienen que contar con preparación mental, académica, física y espiritual que les hace llegar el éxito. el solo hecho de ser un SEAL lo hace merecedor de decir que lo logró.

Los mediocres o los que lo hacen a medias no pasan las pruebas. Por eso son el grupo de élite más poderoso del mundo.

Pero ¿qué tiene que ver unos SEAL de Estados Unidos con nosotros, con los que quieren alcanzar el éxito sin tener armas en la mano?

Simple, ellos deben cumplir un requisito, este se encierra en la autodisciplina. Cada reto, cada nuevo ascenso, incluso antes de que lleguen a lo que ellos llaman La Semana del Infierno, donde deben pasar pruebas sumamente duras, ya tienen que ir con la disciplina al hombro. Los hombres son sometidos a duras pruebas que pueden prolongarse hasta casi los dos años. Cuando por fin con unos SEAL, tienen capacidad para entrar en sitios de riesgos, con la mente fría y centrado como equipo y a la ve individuales para cumplir misiones con éxito.

Las guerra en Medio Oriente, Afganistán, África, tiene a SEALs dejando el nombre de Estados Unidos marcado.

Este trabajo trata sobre la autodisciplina de ellos enfocada en nosotros, en alcanzar las metas que tengamos en el tintero.

Por eso es que se habla del autocontrol abriendo, que es por allí donde comienza la autodisciplina, como el francotirador SEAL que tiene a tiro al enemigo, pero debe esperar el momento exacto y la orden para presionar el gatillo, se autocontrola previo a dar en el blanco.

Se aborda el tema desde el punto de vista psicológico y fisiológico, también se desarrollan técnicas para que lo apliques en el espectro que lo necesites.

Los SEALs no son entrenados solo para que disparen, entren en lugares hostiles con sigilo o se lancen en paracaídas, sino que se trabaja el área espiritual y la esencia, por eso aquí conocerás cómo la meditación y el mindfulness te ayudan a centrarte y a desarrollar autodisciplina. Leerás dentro cómo puedes usarla para conseguir los objetivos que tengas trazados.

La asertividad es otro de los elementos clave de los emprendedores y de los SEALs, por eso te hablaré de ella y conocerás cómo ponerla en práctica con ejemplos y ejercicios.

Aquí aprenderás a desarrollar la autoconfianza, construyéndola día a día, trabajando en reforzar las cosas buenas y en cambiar los hábitos negativos por unos positivos. Esto último con ejercicios para que modifiques esas conductas que puedes estar haciendo mal sin que te des cuenta.

Sabrás cómo usar el combustible de la motivación para alcanzar todas las metas que tengas pendientes para desarrollar.

Y cómo este es un trabajo de autodisciplina que se basa en los Navy SEAL, conocerás cómo es el entrenamiento de ellos, las duras pruebas que tienen que enfrentar, los entrenamientos de velocidad, la organización de misiones, la lucha contra la resistencia, comparando ello con la forma en que la puedes aplicar en la vida diaria.

La concentración es esencial para lograr mejores resultados. Aquí podrás saber cómo se concentran los SEALs y cómo aplicarlo, forjando la mente para alcanzar metas internas, saber desarrollar el liderazgo y conocer la escala de valores de los Navy SEAL.

Es saber aprender a asumir la pérdida, el riesgo y el fracaso. Con ejercicios SEAL aprenderás a definir valores, descubrir la pasión y el propósito.

En un capítulo se dedica al yoga, cómo este sirve para forjar a los SEALs y la manera en la que la puedes aplicar en el día a día. Nada mejor que una buena sesión de yoga y cerrar con una meditación o unos ejercicios de atención plena.

Lo que estás a punto de experimentar, es un recorrido por la autodisciplina, la cual aborda todo lo necesario para que emprendas o camines a buscar el éxito. Es posible tenerlo si eres disciplinado y tienes la mentalidad de un SEAL, que es simplemente trabajar para sacar lo mejor de sí mismo y poner los recursos al límite.

LA AUTODISCIPLINA COMIENZA POR EL AUTOCONTROL

Vamos a conocer un poco sobre lo que es el autocontrol, cómo aplicarlo y la necesidad que tiene la voluntad para poderlo hacer con éxito.

También vamos a conocer algunas técnicas de autocontrol, para que puedas llevar de manera centrada las decisiones que quieres tomar.

¿Qué es el autocontrol?

Una buena parte de las acciones que tomamos a diario vienen precedidas por los dictados de la voluntad, sin embargo, a veces no pasa de este modo, no hacemos lo que queríamos hacer o hacemos lo que no queríamos.

El tema es que queremos encontrar eso que nos mueve, para poder hacer algo, o bien, lo que nos impide actuar según lo que se ha decidido, que nos lleva a ejecutar una acción sabiendo que no es lo correcto. El ceder la tentación o dejar para mañana lo que debemos hacer ahora. Para ello tiene que conocerse la forma de la voluntad, las distorsiones que se pueden dar en el proceso y la manera de controlarlo.

El autocontrol nos permite que controlemos aspectos importantes en el día a día, la atención, los pensamientos, las emociones, las acciones y deseos, todos tomamos para que se resistan los impulsos que nos tientan con la expectativa de obtener algo agradable.

En tal sentido, tenemos que evitar las interferencias negativas en el proceso que forma la voluntad, superar las tentaciones y suprimir acciones inconscientes que están fuera del control, como los comportamientos compulsivos, los gestos repetitivos, las expresiones verbales, los malos hábitos, etc.

El tema aquí es que se tiene que ver hasta qué punto podemos controlar los impulsos volitivos, y llevar a la práctica las decisiones, todo depende de la fuerza de voluntad y el autocontrol que tengamos que tener para tomar decisiones y para dominar los impulsos llenos de tentación que surgen desde dentro de nosotros. Para poder trabajar el autocontrol, lo primero que tenemos que hacer es conocer qué es el autocontrol y los componentes de este.

En la psicología el autocontrol se define como la capacidad que tiene una persona para regular la conducta, los sentimientos y pensamientos.

Hay tres diferentes aspectos dentro del concepto de autocontrol:

- Capacidad para resistir tentaciones.
- Capacidad para hacer lo que hay que hacer
- Conciencia de objetivos a largo plazo.

Para poder aprender a tener autocontrol, hay maneras eficaces para que se aprenda a controlar y comprender cómo y por qué se pierde el control, por eso, nos invita a diseccionar cada error, qué es lo que nos lleva a tener una tentación o dejar para mañana lo que queremos hacer ahora. Cómo transformar el conocimiento de los fallos en estrategias para triunfar

Por otro lado, se tiene que tener en cuenta en lo que es la formación y el control de la voluntad que interviene en mecanismos complejos fisiológicos y psicológicos y entre ellos está:

Carácter psicológico

La voluntad precisa de un estado mental de autoconsciencia, esto es un estado mental donde la persona tiene conciencia de sí mismo, de que es ella quien piensa y lo que hace aquí y ahora. La autoconsciencia es esencial para que focalices la atención, que analices la información y tomes decisiones. En situaciones donde no predomina la voluntad desaparece y perdemos el control de lo que hacemos.

Hay que tener conciencia sobre la voluntad. Esto en base a tres facultades de conciencia:

- El control deliberado del comportamiento.
- Capacidad para llegar los estados mentales propios.
- Integrar información por medio de un sistema cognitivo.

Carácter fisiológico

La voluntad es un fenómeno mental que surge de resultado de un conjunto de procesos biológicos subyacentes, por lo tanto, se niega la influencia de la estructura orgánica cerebral y el funcionamiento. Sin embargo, la voluntad no se determina por los genes y los procesos biológicos. Depende también de otros fenómenos mentales como percepción, emocionalidad, interpretación motivación y actitud.

La estructura cerebral que interviene en la toma de decisiones se centra en el área prefrontal que tiene funciones cognitivas que influyen en los procesos volitivos. La función depende de la comunicación que haya entre las partes, la amplitud y la direccionalidad de las conexiones neuronales. Cuando hay más intensidad en las conexiones neuronales, se tiene más control por parte de la persona.

En la corteza prefrontal se hallan sistemas por medio de los cuales la emoción contribuye a elegir y tomar decisiones. Es una función que regula la conducta por la información afectiva, relaciona las alternativas de acción a reacciones del cuerpo, según perciben como agradables o desagradables, lo que implica la probabilidad de respuesta va a depender del grado de intensidad de la fuerza que le pone a la emoción, según la situación. En caso contrario se dan sentimientos de culpabilidad, irritación, frustración, vergüenza, etc.

¿Qué es la voluntad?

La voluntad es una facultad que tiene la mente para poder poner en marcha las acciones del día a día, se forma por medio de un proceso psicológico que tiene lugar en un estado mental y consciente que goza de plena libertad de acción. No hay fuerzas que lleven a una determinada acción, por lo que se genera una respuesta de acción u omisión ante estímulos externos o internos.

En el diccionario de la RAE la voluntad se describe de este modo:

- Facultad para poder ordenar y decidir la conducta propia.
- Intención, ánimo o resolución para hacer alguna cosa.

Si se sigue con este concepto se ve que confluyen en la voluntad de varios aspectos básicos.

- La decisión de hacer o no hacer alguna cosa
- Intenciones de llevar a cabo decisiones.
- Impulsos para ejecutar acciones.

Por lo tanto, para poder conocer cómo se forma la voluntad, hay que centrarse en aspectos como:

Tomar decisiones

Las personas no actúan de manera aleatoria, no se suelen elegir las acciones al azar, especialmente los que tienen que ver con asuntos de importancia, en estos casos se hace luego de un proceso cognitivo de razonamiento donde se contrata y evalúan las ventajas e inconvenientes en las respuestas de conductas, se elige lo que parece más adecuado, lo que más beneficios aporta, por ejemplo, dejar o no el tabaco, cambiar o mantener la actitud ante situaciones o personas, preparar oposiciones, encontrar empleo, cambiarse de casa…

La clave para decidir esto está basado en la convicción, esto es, llegar al convencimiento de que, ante situaciones o cuestiones concretas, la opción es la respuesta elegida es la mejor posible.

La intención de actuar en consecuencia

La decisión que se tome sobre algo lleva a un deseo de llevarla a cabo, a querer hacerlo. es un estado de ánimo que nos lleva a actuar de un modo determinado. En la RAE la intención se define como determinación de voluntad en orden a un fin, del mismo modo hay otra definición, que dice que la intencionalidad es la característica común de los fenómenos psicológicos. Es una propiedad que dirige a un acto o suceso determinado a un objeto o meta que se ubica en el mundo externo.

Se relaciona con la actitud proactiva y se condiciona con aspectos emocionales. La expectativa de lograr beneficios, placer o bienestar, prevenir juicios. Depende también de los recursos para llevar a cabo la acción elegida, como los psicológicos, la inteligencia, la sensibilidad emocional como las materiales o económicos que se requieren en virtud de las circunstancias y la carencia puede anular intenciones.

Impulso para actuar

La intención abre puertas para ejecutar acciones y para ello requiere una energía adicional, un impulso que es la fuerza psicológica que mueve a la persona a hacer acciones determinadas y persistir.

Se relaciona con la motivación, que es un estado mental que activa, mantiene y dirige la conducta a metas o fines determinados. Implica activación de fuerzas psicológicas proactivas, como ilusión, obligación, utilidad, necesidad, pero que se puede ver frenada por fuerzas que impidan como desgana, miedo y vergüenza.

¿Por qué algunas personas no tienen voluntad?

Hay distorsiones que afectan el proceso de formación de la voluntad, el proceso de formación puede aparecer con factores inherentes a la persona o inducidos por el entorno que lleva a modificaciones inherentes a la persona o al entorno, con modificaciones en el mismo o que lo paralizan. Deja a un lado los que escapan al control racional, la pasión irrefrenable, el alcoholismo, las drogas. Entonces, la razón por la que la fuerza de voluntad falta es porque:

Falta convicción

Si no se está plenamente convencido de la bondad de la acción elegida, es probable que desistamos de llevarla a cabo. Las dudas llevan a sentir inseguridad y reducen las expectativas sobre el resultado esperado. Las dudas se pueden dar por:

- La conveniencia de acción elegida, considerando consecuencias que puedan darse si no resulta como se espera, si sale mal es un desastre, a lo mejor no es el momento adecuado, o debería pensarlo de nuevo...
- Sobre la capacidad personal o la suficiencia de recursos disponibles, puede que no valga para esto, es difícil conseguirlo, no lo podré hacer, no tengo medios, tengo vergüenza...

Uno de los peligros de la duda es que abre la puerta para la sugestión, persuasión o seducción. Son procesos destinados a cambiar las actitudes, el comportamiento o las emociones de una persona para algo o alguien por medio del uso de palabras para llevar información o un razonamiento nuevo.

Hay instrumentos que usan los agentes sociales, empresas, políticos, líderes religiosos, para poder modificar las elecciones y llevarlas a los intereses, para esto tenemos que llegar a la convicción de que la decisión es correcta, pues una persona convencida plenamente, es un poco difícil de manipular.

Falta la motivación

La motivación se relaciona con el valor que tenga para nosotros las acciones, de este modo entre más satisfacción y beneficios tengamos, más ilusión habrá. Cuando las expectativas placenteras sobre el resultado esperado se ven superadas por los problemas que esto comporta, sean reales o no, nos empeñamos en lograrlo. Cuando las expectativas placenteras sobre el resultado esperado se superan por las dificultades que ello comporta, sean o no reales, nos empeñamos en encontrar excusas para no llevarla a cabo, aparece la abulia con sus aliados, como acidia, pereza, procrastinación, prejuicios, etc.

Incluso aparece el autoengaño, que lleva a la mente a inventar justificaciones o anular acciones.

Conflictos entre razón y emoción

Gran parte de las acciones traen consigo fuerzas emocionales, positivas como amor, responsabilidad, ilusión, obligación, etc., como negativas, tales como ira, vergüenza, miedo, celos, etc. Todo esto afecta las decisiones e impulsa o casa rechazo.

La lucha entre lo que dice la razón o lo que se debe hacer es lo que nos incita a hacer, especialmente cuando se está bajo el dominio de las paciones. Lo que genera tensiones que pueden modificar las voluntades y suprime las acciones.

En este sentido se puede enmarcar la teoría de la disonancia cognitiva del psicólogo Leon Festinger, que habla de la incomodidad, ansiedad o tensión que experimentan las personas cuando las creencias o actitudes entran en conflicto con lo que hacen, este displacer puede causar un intento de cambio de creencias o actitudes.

Técnicas de autocontrol

Hay que ver cómo controlar los impulsos, cómo poner en marcha el autocontrol. Si sigues el enfoque, podrás fortalecer la voluntad, es necesario que conozcas en qué parte del proceso de formación somos más vulnerables. En la falta de energía para el impulso o en la fuerza emocional que domina en un momento dado la voluntad. En virtud de estos factores las estrategias se pueden agrupar en las siguientes técnicas de autocontrol y ejercicio para poder dominarte mejor.

Cree en las decisiones

¿Buscas tener autocontrol? Fortalece la creencia de que la decisión que tomas es la más conveniente, tenemos que considerar los elementos que inciden en el asunto que se quiere decidir.

- La suficiencia, coherencia y veracidad de la información que se obtiene del mismo.
- Evaluar los recursos a mano.
- Valorar las consecuencias.

Basado en todo esto, hay que hacer un proceso de razonamiento adaptado a las circunstancias que llevará a que se consigan argumentos que confirmen la validez de la decisión adoptada. La convicción de que la respuesta sea elegida es la más correcta. La plena convicción de que la respuesta que se elija es la mejor, lleva a que se eliminen o reduzcan las dudas sobre ella.

El premio Nobel y psicólogo Daniel Kahneman, señala que tomamos decisiones en virtud de dos sistemas de razonamiento:

- El implícito que es intuitivo, automático, rápido, emocional, frecuente, y subconsciente.
- El explicito que es más pausado, calculador, lógico y consciente. Puede ser muy lento para los inseguros.

Muchas de las indecisiones que se tomen a diario, siguen un sistema implícito que tiene probabilidad de cometer errores. Estos aparecen de manera inadvertida por la mente consciente. Sin embargo, cuando participa el sistema explicito, donde se pone esfuerzo cognitivo, las probabilidades de tomar decisiones es mayor.

Busca motivación

Otra de las técnicas de autocontrol es que se obtenga la energía para que comiences el impulso volitivo hacia la acción, para que nos centremos en los alicientes de la misma, esto es en los beneficios que se logran si la hacemos, que actúan como eje motivacional. Se proyecta de manera reiterada en la mente, hasta que se eliminen reticencias para iniciar acciones decididas. Por ejemplo, si nos da la ilusión de viajar, pero la pereza para organizarlo es un obstáculo, se tiene que insistir mentalmente en aspectos que ilusionan e impulsan a pensar el viaje. En tal sentido, se debe preguntar si consideramos los beneficios o ventajas que reportan o solo tenemos en cuenta unos pocos, pues tiene que existir otros alicientes que no se han tenido en cuenta.

Por otro lado, sin perjuicio de las técnicas cognitivo conductuales aplicables, se puede usar como técnicas de entrenamiento que se usen fácilmente.

Usa las autoinstrucciones

Las autoinstrucciones o autoverbalizaciones son un sistema de hablarse a sí mismo que sirve para darse pautas de conducta, favorece la interiorización de los procesos mentales, trata de usar el papel del lenguaje por la capacidad para sustituir las experiencias directas. Cuando aparecen los pensamientos tentadores hacia algo apetecible y que implica hacer algo que no se deba o no hacer lo que toca, hay que recuperar el Yo autoconsciente para que aparte al otro Yo tentador y decir:

¿Por qué estoy pensando en hacer o no esto si no es lo que había decidido? Tenemos que aprender a decirnos, tengo que hacer lo que he decidido porque es lo correcto y es bueno para mí, entonces tienes que ir adelante, no volver atrás. O decir que Alto, no tienes que hacerlo.

Así se favorece el aprendizaje de la técnica que se puede usar como referencia al modelo para la modificación cognoscitivo conductual.

Tienes que ver el entrenamiento en autoinstrucciones de Meichenbaum, la cuales consisten en un ejercicio de autocontrol y consisten en un que cada que estemos ante este tipo de situaciones y con el tiempo se vuelven un hábito o patrón de conducta que actúa espontáneamente y sin consciencia. También puede hacerse un entrenamiento sobre la conducta para favorecer las adecuadas y eliminar las que no. Se hace con pequeños retos, y poco a poco se aumenta el nivel del reto.

Practica la concentración

También debes ensayar la concentración, esto es que hagas un entrenamiento donde focalices la atención. Puedes mantener la atención en una imagen mental y evitar distraerte por un tiempo cada vez mayor. Esto permite que aumentes la focalización de la mente en el Yo autoconsciente que es el estado mental con el que se controla la voluntad.

La meditación demuestra ser una de las formas más eficaces de aumentar la voluntad, la investigación sobre esta indica que tres horas de meditación aumentan el autocontrol y la capacidad para concentrarse.

Luego de once horas practicando se pueden ver cambios visibles en el cerebro prefrontal y parece que mejoran las conexiones neuronales entre las áreas responsables del autocontrol.

Ejercicios sencillos de concentración

Estos ejercicios te ayudarán a tener mejor concentración:

- **Haz una sola tarea a la vez**: seguramente el ejercicio más sencillo de todos, en vez de contestar un corre mientras atiendes una llamada, te tienes que acostumbrar a enfocar la atención en una sola tarea y no pasar a otra hasta que la hayas terminado.
- **Cuenta palabras o números**: tan fácil como tomar un libro o un periódico y comenzar a contar palabras de un largo párrafo. Se puede también hacer con los números del cuaderno de matemáticas del hijo, no importa de dónde, el ejercicio de concentración es ideal para que hagas una pausa y dirijas la mente a futuras tareas.

- **Haz respiraciones de relajación**: si notas que la ansiedad te bloquea, te puedes sentar un rato, te tranquilizas y comienzas a hacer respiraciones profundas, siente cómo palpita el corazón y el aire recorre el cuerpo, verás los grandes resultados.
- **Practica la distracción controlada**: aunque suene paradójico, a veces no hay nada mejor que distraer la mente unos minutos, para que luego vuelvas a las tarea principales más descansado y concentrado.
- **Medita por unos minutos**: la idea es que logres concentrarte plenamente escuchándote a ti mismo por unos minutos, medita y conseguirás recuperar la claridad mental que los quehaceres diarios te han hecho perder en la jornada.
- **Te debes mantener inmóvil**: te sientas por unos minutos sin hacer movimientos de ningún tipo, es otra forma excelente para relajarse.
- **Entrena la atención**: la puedes entrenar por medio de ejercicios como sopas de letras y crucigramas, la atención es como un músculo, si lo pones en marcha correctamente vas a hacer que funcione mejor por más tiempo.
- **Recuerda los buenos momentos**: recordar es sinónimo de que hacer ejercicio de la mente, por lo tanto, no está mal que al despertar o antes de dormir recuerdes con detalle los viajes de vacaciones o esa reunión familiar que tanto te gusta. Especialmente en buenos momentos que potencian la concentración positiva.
- **Haz actividades físicas**: es algo sencillo mejora la capacidad de concentración y de memoria, oxigena el cerebro para que pueda retener más información en el día.
- **Examina el día**: antes de que termines la jornada se recomienda que recuerdes los momentos y actividades del día donde te sentiste productivo. Lo podrás repetir al otro día, y esto será un hábito que rendirá los frutos en concentración.

A todos estos ejercicios le tienes que sumar un poco de agua, el agua tiene la capacidad para oxigenar, hidratar y limpiar el cuerpo y hacerlo rendir en las tareas que tengas por hacer. El agua ayuda a la memoria para que sea aguda y mejore el rendimiento cognitivo.

Estos ejercicios se caracterizan por la sencillez, es eficaz. Si tienes la constancia de hacer algunas de ellas con frecuencia y seriamente, en poco tiempo verás cómo la concentración es mejor.

Te haces más eficaz en las tareas diarias, también en el trabajo o estudios. Hasta en las tareas del día a día, esto permitirá cosas bunas, como que aumente la autoestima, verás que los esfuerzos tienen focalización clara y poco a poco ganarás en los objetivos y en menos tiempo.

Date premios

Otra técnica es que el autocontrol lleva a reforzar los éxitos. Ejercer un control de la voluntad a veces sufre y le duele. Sobre todo, supone una lucha contra nosotros mismos. El yo sensato contra el yo tentador, por lo que se tiene que reforzar continuamente, esto es además de la satisfacción y el bienestar que se logra. Es recomendable que se den recompensas, por cada éxito conseguido en este control, es evidente que el dominio de la voluntad requiere un esfuerzo considerable, implica el dominio de la razón ante los estímulos que presenta el entorno, pero el que lo logra enaltece a la persona, le da seguridad y confianza, mejora la autoestima y siente fuerza que controla la vida y goza de libertad.

Si eres de esas personas que se exige mucho a sí misma, este es un punto importante de trabajo que tienes que trabajar. Mucha veces ser así supone bloqueos para avanzar, los premios son necesarios para que puedas crecer y mantener la motivación, más cuando se trata de autocontrol.

Muchas veces pasamos la vida teniendo a ese juez interno, ese personaje que nos recuerda que todo lo hacemos mal, que nos define un patrón de conducta ante la vida y lo bueno es hablarle de frente.

Hay que crear pequeños objetivos, cualquier meta que te propongas tienes que pasarla por pequeños objetivos, estos te llevarán hasta él, es decir, las metas que te propongas se componen de hitos que te acercan a la meta final, del mismo modo que se hace una casa ladrillo a ladrillo.

Tienes que preparar pequeños objetivos. No es justo que le quites el valor que merecen, las veces que logres esto, te pones a trabajar para el otro pequeño objetivo sin dar tiempo a la celebración del anterior, añades un poco de alegría en cada paso y mantienes animado.

Debes premiar los pequeños avances, ese mal hábito se tiene que cambiar, hay que dedicar una parte del tiempo a que celebres los éxitos que tienes, aunque parezcan pequeños, no dejan de decir que no a otras cosas para lograr ese pequeño logro. Es justo que te premies por eso

Además, es mejor si compartes con otras personas. Muchas veces parece ser que nos alimenta más hablar de los obstáculos que de los avances, incluso llegando a la situación de creer que contar los éxitos va a generar envidia, malas intenciones y celos por parte de otros.

Que celebres no significa que seas arrogante, al contrario, es un acto humilde. Cuando celebras estás reconociendo lo que te ha costado llegar, que lo has tenido sencillo, que eres vulnerable al fracaso, es algo arrogante, pasar por encima de los éxitos como si fuera coser y cantar.

Unas veces se gana y otras se aprende.

No solo hay que centrarse en los resultados positivos para celebrar, ya que a veces se gana y otras no. Es importante que descifres cuál es el significado que le das al avance. A veces perdiendo avanzas más y se olvidan las celebraciones.

Tienes que pensar en el objetivo en el que trabajas y que reflexiones acerca de cuáles son esos pequeños objetivos que has encontrado en los últimos tiempos y que te llevan al objetivo general.

Es hora de que comiences a cumplir con esas deudas pendientes, las deudas que se tienen que pagar, especialmente las que tenemos con nosotros mismos.

Errores que cometes al premiarte a ti mismo

Antes de que conozcas estos errores, quiero darte un ejemplo del poder de las recompensas en la vida diaria.

En Nueva York cuentan con metas diarias sobre los pasajeros. La recompensa se traduce en ingresos de efectivo congruente al esfuerzo, claro, la meta es fácil de lograr en unos días más que en otros.

En un día lluvioso los taxis se mantienen por muchos tiempo. Tienen un flujo de pasajeros constantes, esto facilita alcanzar la meta diaria en poco tiempo. En cambio, en un día soleado puede pasar más tiempo encontrar a un cliente, lo que dificulta la llegada a la meta.

La lógica económica dice que un taxi debe trabajar más horas en un día lluvioso para compensar los días donde no se llega a la meta.

Curiosamente estos taxistas menos en un día lluvioso que en un día con sol. La estrategia de la recompensa tiene poder, cuando los conductores logran la meta y tienen la recompensa que están esperando, está listo, van a casa y se relajan.

Esto es apenas un ejemplo de las recompensas que tenemos en la vida y que dictan el modo de actuar con las decisiones. Por eso es importante que la recompensa sea adecuada para lograr y cambiar hábitos.

La recompensa no debe marcar un punto límite. Cuando te pones recompensas detrás de metas con puntos límites y no se pueden escalar con el tiempo, están errando. Como sucede con los taxistas, la meta marca un punto de parada, cuando nos detenemos, toca empezar de nuevo y hacerlo es el punto más duro de todos.

Esto interfiere en la formación del hábito porque cuando se cumple el objetivo y se siente la recompensa, el comportamiento termina, por ejemplo:

- Comienzas a hacer ejercicio, un mes antes de la boda para verte mejor con ese vestido nuevo.
- Dejas el azúcar durante la semana santa.
- Lees libros en las vacaciones de verano.

Cuando se complete el plazo, a lo mejor dejas el hábito y sigues como venías.

La recompensa es la única motivación que tienes. Una recompensa ofrece una motivación extrínseca, que está fuera de nosotros mismos, por lo que la motivación interna se va perdiendo.

Cuando las recompensas se convierten en la gran motivación, se hacen trampas peligrosas para formar hábitos, simplemente porque no sientes motivación más de lo que obtienes a cambio, la actividad por sí misma.

Por ejemplo:

- No estás ensayando piano porque quieres hacerlo, sino porque te prometiste un dulce al terminar
- No estás haciendo ejercicio porque quieres hacer ejercicio sino porque te prometes una dona al terminar.

Cuando logras tener una motivación interna, le das continuidad al hábito, las recompensas solo son un apoyo, en esos momentos es lo que la fuerza de voluntad es débil.

Las recompensan no deben sabotear resultados, una recompensan efectiva se tiene que alinear con los resultados que quieres lograr, te tienes que servir como un apoyo adicional para lograr resultados, como los que esperas.

Si haces deporte para estar en la línea, no te des como premio un chocolate grasoso y lleno de calorías.

Una buena recompensa

Una buena recompensa es la que te lleva al hábito de mantenerlo en el tiempo y no solo por hoy.

Las buenas recompensas tienen que tener:

- Seguirlo a través del tiempo porque no tiene fechas límites.
- Motiva a seguir incluso sin recompensa.
- Es la aliada para conseguir los resultados que esperas

Por ejemplo:

- Si quieres tener el hábito de hacer yoga, la recompensa por hacerlo es que te compres una nueva esterilla o una nueva prenda de ropa.
- Si quieres tener el hábito de comer sano, la recompensa para lograrlo por un mes, es que te compres unos nuevos cuchillos para la cocina.
- Si quieres hacer ejercicio, el premio por entrenar cada día, es un nuevo par de zapatillas para entrenar.

BENEFICIOS DEL AUTOCONTROL

Ahora que conocemos el autocontrol, vamos a ver los beneficios, junto con consejos para que los apliques y pongas en marcha.

A veces nos dejamos invadir por la ira, el miedo y terminamos haciendo algo que ni siquiera habíamos pensado. Cuando las emociones invaden, es como si estuviéramos en piloto automático, especialmente cuando son intensas. Es más, si no las gestionamos, puede llevar a muchos problemas. Por eso es bueno que hagas hincapié en los beneficios del autocontrol.

Aprender a gestionar las emociones ayuda a que nos conozcamos, pero también repercute de manera sana en las relaciones, además el autocontrol toma decisiones acertadas, nos organizamos mejor y podemos cumplir las metas. Siempre que estemos realmente comprometidos.

Los beneficios del autocontrol son inmensos, es necesario que se aclare, control no es reprimirse. Tampoco es perder espontaneidad. Más bien es ser capaz de poner límites a las paciones y los impulsos, en función de más bienestar.

La verdad es que quien conquista a otros es fuerte, más quien se conquista a sí mismo es poderoso.

Más claridad mental

Un sentimiento que está muy arraigado o una pasión desmedida que afecta las capacidades cognitivas. La ciencia demuestra esto y el sentido común también. Bajo estados de mucha emocionalidad, la intensidad de lo que se siente no permite que se piense claramente. Esa es la razón principal por la que con miedo o ira llevamos a cabo comportamientos que ni siquiera imaginábamos. Las facultades cognitivas se inhiben ante la arrolladora fuerza de las emociones. Lo normal es que terminamos arrepintiéndonos por lo que hicimos o dijimos en ese instante. No de los beneficios de autocontrol es que no nos dejamos llegar allí.

Consejos para lograr claridad mental:

- **Debes poner a trabajar la mente**: el poder de la mente subconsciente va más allá de lo pensado. Muchas personas dirigen intencionalmente el funcionamiento del subconsciente mientras duermen, con un ejercicio sencillo. Antes de ir a la cama, escriben preguntas y pensamientos en un papel sobre aquel que están intentando lograr. Mientras están durmiendo, la mente subconsciente se pone a trabajar. Cuando despierta aprovecha los primeros minutos mientras la mente subconsciente ha estado vagando con libertad y establece conexiones. Es ese un momento de gran creatividad, el objetivo es que dirija la mente subconsciente para que cree resultados como se quiere y se encuentren soluciones a los problemas y proyectos.
- **Visualiza el éxito**: la visualización permite que haya más creatividad y claridad mental. La investigación hecha con neurociencia ha destacado el impacto que la visualización tiene en el aprendizaje de nuevas habilidades físicas y mentales. En parte se explica la razón por la que el cerebro

hace rupturas, uno lleno de promesas y visiones fantásticas, uno libre de cadenas de las construcciones sociales y llenas de mucha creatividad.

- **Ten un espacio ordenado**: Tenemos por ejemplo el método de Marie Kondo, donde habla del orden y que es un éxito editorial, esto no nos debería sorprender. Todos estamos en la búsqueda de maneras de crear vidas significativas con menos cosas. El desorden no solo distrae, sino que crea ansiedad a largo plazo. Conseguir el orden y el equilibrio permite que se disfrute de los espacios y se abra la claridad mental.

- **Ten un estilo de vida saludable**: tienes que ser proactivo con la salud de la mente y el cuerpo. Tener poco consumo de energía causa la llamada niebla del cerebro, puedes aumentar el nivel de energía de forma natural con deporte. Incorpora ejercicios como caminar, correr o hacer aeróbicos todos los días. Por otra parte, que sigas la dieta equilibrada y que descanses de calidad, son medidas necesarias para que se limpie el cuerpo y se abra la claridad. Además, para que no te contamines tanto, tienes que dejar un poco lejos los aparatos electrónicos y desactivar las notificaciones y deja espacio para la desconexión mental.

Una comunicación más coherente

Como efecto de lo que tratamos en el punto anterior, en los momentos de ira dejamos a un lado el objetivo verdadero de la comunicación, el transmitir ideas y sentimientos para que encuentres más comprensión. Lo único que hacemos es dejar salir todo el torrente de emociones y en muchas ocasiones, que se hieran al otro.

Uno de las ventajas de tener autocontrol es que nos ayuda a expresarnos con más asertividad.

Así va a ser más fácil decir lo que realmente se quiere, en vez de dejarnos llevar por el impulso del momento. Sin olvidar que en los momentos de euforia o más carga emocional, las palabras son como flechas, cuando se lanzan, no retornan

Más justicia a la hora de actuar

Los arranques de ira hacen que veamos las cosas de una manera extrema. Es por eso que caemos fácilmente en juicios y actitudes injustas, a veces incluso ante pequeñas fallas del otro actuamos como si el mundo fuera a acabar o alguien estuviera a punto de morir. Dentro de los beneficios del autocontrol está el de evitar que esto suceda, el ser capaces de tomar segundos para pensar ayuda a que no caigamos en conductas injustas.

Además del gasto emocional que es alto cuando se hace ya que la culpa, el arrepentimiento o el intento por reparar puede que salga a escena.

Las relaciones son mejores

Es difícil que en las relaciones todo vuelva a ser lo mismo después de explosiones de ira, especialmente cuando hiere al otro. Es inevitable que alguna vez en la vida se tengan situaciones así, pero en caso de volverse frecuentes y afectan los vínculos.

Lo peor es que si perdemos el control invitamos al otro a que lo haga también. De esta manera podemos vernos insertos en situaciones difíciles de terminar. Bien, si ponemos en marcha la habilidad de autocontrol, evitamos este tipo de situaciones porque se sabe cómo y cuándo se detiene para no ir a más, incluso cómo gestionar explosiones de ira de los otros.

Aumenta la autoestima

El autocontrol también es una forma de amor propio, quiere decir preservarse, protegerse incluso de uno mismo, no permitirse actuar de forma irracional. Tampoco el incurrir en conductas que dañen a otros, por tanto, es la base para prodigar y exigir respeto.

Entonces, dentro de los beneficios más importantes que nos ayudar a sentirnos mejor con nosotros, es un factor que incide directamente con la autoestima. Por el contrario, quien es preso de la falta de control vive siempre reprochándose y recriminándose por la forma de ser.

Menos vulnerabilidad

Una persona que no se puede controlar a sí misma es más vulnerable. En determinadas circunstancias se le puede manipular para lograr que actúe torpemente. Pasa mucho en los espacios de poder, quien pierde el autocontrol, pierde todo.

Cuando se es dueño de los sentimientos y las emociones, también tiene más fuerza. No es sencillo que otros le condicionen o le lleven a hacer tonterías. Las situaciones no escapan de las manos ni toman rumbos no deseados, por tanto, se es menos frágil y vulnerable.

Mejores toma de decisiones

Las mejores decisiones que dan las personas lo hacen con la mente fría. Para ello, es clave que se mantenga un buen nivel de autocontrol. Cuando se actúa de manera impulsiva o precipitadamente, lo usual es que erremos. Bajo un estado de ira las relaciones acaba. Se pierden empleos o se va por la borda algo valioso que se quería mantener.

El autocontrol tiene grandes beneficios, los que se han mencionado son apenas algunos de ellos. Sin embargo, basta con que se revise esta muestra para darnos cuenta de que mantener bajo control las emociones es una actitud inteligente. Evita que tengamos problemas, ayuda a crecer y nos da poder en cualquier situación.

CONSEJOS PSICOLÓGICOS PARA MEJORAR EL AUTOCONTROL

El poseer autocontrol no es fácil, imagina que estás haciendo dietas para adelgazar y al salir a cenar a un restaurante tienes que hacer esfuerzos para no comerte esa dona que tienes a la mano.

El autocontrol es importante para las personas. Algunos estudios afirman que las personas con más autocontrol hacen más amigos, sacan mejores notas o tienen vidas saludables porque sufren menos sobrepeso o fuman y beben menos.

Bien, te va a gustar saber que la capacidad de autocontrol se puede mejorar. Por eso y para que le saques el máximo partido, veamos estos consejos para que mejores la capacidad de autocontrol

El autocontrol se puede mejorar

Si tienes problemas para controlar el comportamiento, lo primero que tienes que hacer es que mejores la capacidad de autocontrol, porque, al contrario, lo podrás hacer, así que ten una actitud positiva y pon de tu parte para regular mejor las emociones y el comportamiento.

Define qué es lo que quieres controlar

Es clave que seas consciente de lo que quieres control y lo que sepas qué es lo que quieres modificar. Si no estás claro de los comportamiento y las rutinas, será difícil que tengas autocontrol. Si quieres perder peso, antes de nada, debes saber por qué comes a diario. Por otro lado, su lo que quieres es tener más control con la atención para mejorar el rendimiento deportivo o tomar mejores decisiones, primero tienes que saber qué haces mal y conocer los hábitos negativos, los que impiden que seas más eficiente, además, el ser consciente te ayuda a detectar situaciones problemáticas y te permitirá reaccionar a tiempo.

No dependas de la fuerza bruta

Hay situaciones complejas que no son fáciles de controlar, las personas tienen un límite y el autocontrol no es que tienes que luchar contra corriente. Por ejemplo, si andas en la oficina y acabas de tener un conflicto con un compañero de trabajo puede que quieras controlar quedándote en la sala y hacer como si las cosas no son contigo. Puede que sea bueno que te tomes unos minutos de descanso en la sala del café para que recapacites y regreses la normalidad en vez de aparentar que controlas todo.

Ten inteligencia emocional

La inteligencia emocional es un concepto que hizo popular Daniel Goleman, es la habilidad para identificar, comprender y regular las emociones, y las de los otros. el autocontrol o autorregulación de las emociones es una de las aptitudes que dominan a las personas emocionalmente inteligentes, pero no se entiende como un dominio de otros elementos que componen este tipo de inteligencia. Por ejemplo, el autoconocimiento o la empatía, aprender y adquirir habilidades de inteligencia emocional te convierte en una persona con control, por eso el consejo es que la trabajes y a continuación tendrás unos consejos para que mejores la inteligencia emocional y de paso el autocontrol.

Pasos para mejorar la inteligencia emocional

En la década de los noventa la inteligencia emocional fue considerada como un superpoder. Se suponía que la gente lo tenía, pero no era capaz de identificar los estados emocionales, sino que podían conectar con las personas, eliminar atisbos de estrés y descifrar el lenguaje corporal de los que te rodean.

Es realmente maravillosa la inteligencia emocional. De verdad es más importante que el cociente intelectual.

Lo es, cuál es la manera más sencilla de desarrollarla. En este artículo se va a romper por varis mitos sobre la inteligencia emocional y conoce estos pasos para que comiences a mejorarla. Si es que lo consideras que vale la pena.

La inteligencia emocional se puede explicar en función de cómo gestionas las emociones la de los demás. Con estos dos ejes aparecen los cuadrantes que definen la inteligencia emocional.

- **Autoconciencia:** la habilidad de reconocer e identificar las emociones de una persona, así como el origen.
- **Autocontrol:** la capacidad de controlar los impulsos y retrasar la recompensa completa.
- **Empatía:** el poder para conectar con las emociones y motivos de otros.
- **Habilidades sociales:** la capacidad de relacionarte satisfactoriamente con los otros, gestionar conflictos, comunicarte con otros e influir en las personas.

Otros autores añaden la motivación en el eje emocional. Pero, qué es más importante, el saber gestionar las emociones o ser un genio matemático

Cuando termina el siglo veinte aparecen investigaciones que presentan a la inteligencia emocional como el motor del éxito y satisfacción personal. Los estudios mostraban que los mejores líderes eran valientes y emocional.

Sin embargo, los más recientes como este estudio ponen muy en duda la afirmación. Quizás los líderes más carismáticos no poseen inteligencia emocional como se creyó al inicio.

¿Por qué?

Por el modo en el que evalúa la inteligencia emocional, es por medio de cuestionarios que ellos mismos responden, el líder que reconoce por escrito que no sabía identificar las emociones de los trabajadores.

Si sabes en qué trabajas, conocerás el tipo de inteligencia que necesitas

En las investigaciones también apuntan que hay profesiones donde un exceso de inteligencia emocional que puede ser contraproducente como por ejemplo mecánicos, contables, científicos…

Si el trabajo es interpretar datos o reparar autos, el ser sensible a las expresiones faciales, el lenguaje corporal y las emociones de los que te rodean, puede ser una distracción grave.

Tampoco hay que pasar del blanco al negro completo. Hay profesiones como las de coach, comercial, médico, donde se sepa leer y regular emociones.

Para resumir, la inteligencia emocional es clave, pero no es la panacea. En situaciones puede ser útil y en otras el cociente intelectual puro y duro puede ser más determinante.

¿Se mejora la inteligencia emocional?

La teoría más generalizada es que se aumente el cociente intelectual, es prácticamente imposible. Por eso muchos cursos y coaches apuestan por aumentar la inteligencia emocional, puede mejorar con la práctica.

Hay evidencias de que sea posible, y hasta qué punto se puede mejorar.

Se han escrito miles de artículos desde que apareció el tema de la inteligencia emocional, el concepto de la inteligencia y las conclusiones que se pueden sacar son estas:

Puedes cambiar hasta determinado punto

La capacidad para que gestiones las emociones y la de otros, no varía mucho en la vida. Según la evidencia científica, los factores elementales parecen ser la educación que se recibe, experiencias infantiles y genes.

No es que no puedas desarrollar la inteligencia emocional, pero para hacer cambios profundos y le dediques tiempo y esfuerzo.

La inteligencia emocional puede mejorar con el paso del tiempo, de ahí que se diga que la edad madura.

La ayuda profesional da resultados

Hay un debate fuerte sobre el coaching y la formación de habilidades personales. Personalmente no se cree que exista mala fe en los denominados vendedores de humo, pero sí desconocimiento.

Muchos generalizan las experiencias como persona y creen que les ha cambiado la vida a ellos, independientemente de las circunstancias, funciona en los otros. para que evites estas polaridades, hay estudios que han hecho con muchas personas.

En este punto, digan lo que digan las personas, los programas de formación funcionan:

- No pueden hacer milagros, pero los últimos metaanálisis demuestran que pueden mejorar la inteligencia emocional un 25% más o menos, en el caso de las habilidades sociales, hasta un 50%.
- Gracias a la plasticidad neuronal, el término que los neurólogos usan para referirse a la capacidad del cerebro para que se cambie a cualquier edad, puede que se aprenda empatía

y gestión emocional. En este caso, la mejora llega hasta el 35%.

Si no obtienes resultados con el coach o curso de formación, quizás sea el momento de buscar uno mejor.

Es clave que una persona te dé feedback

En investigaciones se demuestra que la forma en que nos vemos a nosotros mismos, tiene poco que ver con la forma en que nos ven los otros. es algo que ha replicado muchos estudios y causa que muchas competencias, nos creamos más de lo que somos.

Por esto, además de seguir un buen programa de formación, es clave que una persona te dé una visión imparcial de ti.

Cuidados en el uso de las técnicas

Mira las estrategias que vas a desarrollar con la inteligencia emocional:

- La idea es que se trabaje en cambiar las conductas que le acompañan, esto según estudios de terapia cognitivo conductual.
- El mejorar la capacidad de aceptar y perdonarte, la autocompasión un concepto que cada vez suena más.
- Las autoafirmaciones positivas, andas con ojo con aquellos coach o programas que prometen mejorar la autoestima con mensajes positivos a ti mismo. Ya que según estudios a menudo resultan contraproducentes y puede ser narcisista.

El objetivo que sale en un estudio que se publica en 2009 era ver si con un programa adecuado se podía mejorar la inteligencia emocional en un grupo de voluntarios, comparado con otros grupos que no recibe entrenamiento. El resultado tiene su incremento a corto y mediano plazo.

En el programa los participantes reciben clases teóricas y ejercicios. Estas fueron las lecciones que recibieron para desarrollar una inteligencia emocional:

Detecta la emocional detrás de los actos

Casi todos vivimos desconectados de las emociones. Las experiencias negativas que se padecen en nuestra vida nos enseña a aislarnos de las emociones para protegerse.

Las emociones no las puedes eliminar, pero tienes que ser capa de conectar con personas y entender cómo influyen sobre ti. Cuando algo te hace actuar o sentirte con una determinada forma, te detienes un segundo, reflexionas en la emoción que hay detrás y encuentras el origen.

Cuando se entra, a lo mejor no sepas por qué actúas o te sientes como lo haces. Deja el desespero, no entrenas para hacerlo, pero a medida que vas centrándote en los sentimientos comienzas a encontrar respuestas.

Que el vocabulario sea más grande

Hay cuatro emociones básicas partiendo de las cuales se crean las demás, la tristeza, enfado, alegría y miedo, aunque también hay quienes agregan angustia y sorpresa.

Cuando busques reconocer las emociones, te quedas solo con ellas. No basta con decir que te identificaste con la emoción y la tristeza. No, tienes que ser lo más específico posible.

Los nombres que agregues en las emociones te ayudan a entender cómo te sientes y por qué, no digas que estás triste, si las palabras que mejor te describen el estado emocional sería decepcionado, melancólico, herido o compungido. Tienes que ser concreto.

Que tengas un lenguaje rico con el que describas los sentimientos es clave, no dominar el lenguaje limita el conocimiento de lo que experimentas, creando sensación de lo que no sabes lo que pasa.

Que las apariencias emocionales no te engañen

Muchas veces las situaciones desencadenan emociones lleva a errores de creer que lo que realmente se siente es la emoción secundaria. Ten un ejemplo.

Imagina que sientes que te traiciona, porque descubres por una persona que alguien que considerabas uno de los mejores amigos no te invitó a la fiesta de cumpleaños. La emoción sería la traición, cuyo componente básico es el enfado.

Si profundizas en lo que ha provocado el enfado, a lo mejor descubres que la emoción original que causa el enfado es la tristeza. Te enfadas con la persona, porque te causa tristeza, el que compruebes la amistad no tiene para ti el valor que querías.

No juzgues la forma en la que te sientes

Las emociones tienen una sola función, el darte información sobre lo que sucede. Si puedes reprimirlas estarías a ciegas y no sabrías cómo actuar.

Las emociones negativas te previenen, no luches, tienes que entender y obtener la información posible para enfrentar el reto del que te alertas.

- El miedo avisa de que no tienes recursos para que abordes lo que sucede. Refleja una desproporción entre la situación y los recursos que tienes.
- El enfado lo sientes cuando vulneran derechos o necesidades. Te empuja a la defensa o ataque para que te respeten.
- La tristeza te indica la pérdida de algo valioso para ti y te prepara para superar ausencias.
- Sientes alegrías cuando algo te resulta agradable. Te motiva a que lo experimentes de nuevo con conductas que las genera.

Considera las emociones no como algo bueno o no, sino como una información que te ayude a ser consciente de ti mismo.

Descubre el mensaje que se esconde en el lenguaje corporal

Si te es difícil identificar emociones y te fijes en el lenguaje corporal te da muchas pistas de lo que sucede en el interior.

Por ejemplo, hay gente que al inicio de un problema se cruza de brazos porque siente que le agreden. Si relacionas este tipo de cambios en el lenguaje corporal con las emociones podrás ser capaz de detectarlas antes.

No se trata de los cambios posturales, las emociones también provocan manifestaciones fisiológicas, como rubor cuando te enojas o presión en el pecho cuando estás triste.

Comienza a encontrar patrones en la sensaciones del cuerpo que experimentas cuando se desencadenan determinadas emociones y eres un master de las emociones.

Controla lo que piensas para controlar el comportamiento

Muchas personas se excusan diciendo que en momentos emocionales pierden el control y no son dueños de los actos, pero solo tienen razón en parte. Los sentimientos son parte de la emoción y de lo que piensas sobre las emociones. No puedes evitar las emociones, pero sí puedes modificar los pensamientos.

La próxima vez que sientas emociones, presta atención a lo que significa que en breve te invade un pensamiento. Decide entonces qué pensamiento quieres tener y cómo te quieres comportar.

Si todo falla, hay algunas otras técnicas de emergencia que te pueden ayudar:

- Si eres una persona ansiosa o nerviosa, te refrescas la cara con agua fría e intenta que te llegue el aire. Se ha comprobado que el frío reduce la ansiedad.
- Evita bebidas con cafeína. Los estudios evidencian que aumentan el nerviosismo y los niveles de ansiedad.
- Ejercicio, todo lo que te diga sobre las ventajas de hacer

deporte con moderación parece poco. Se ha demostrado científicamente que reduce la ansiedad y mejora la confianza en ti mismo.
- Duerme lo necesario, cuando duermes generas endorfinas y reduces niveles de cortisol, la hormona del estrés, por eso cuando no duermes estás más irritable.

Busca el porqué de los otros

El error que comente casi todos cuando se ve una reacción en alguien es juzgar únicamente la reacción, cando detrás de ella hay muchos más ocultos a los ojos.

Te acostumbras a pensar en los sentimientos que pueden hacer detrás de las reacciones, las emociones y los pensamientos que puede experimentar la persona. Si te insulta, es posible que te tema y crea que la mejor forma de defenderse sea alterarse.

Que busques el porqué de las reacciones, consigues entender a las personas. Te advierte que cuando tomes el hábito de hacerlo te cuesta enfadarte con los demás, porque comprendes entonces que todo el mundo tiene motivos para hacer lo que hace.

Ten un diario de emociones, el llamado efecto Bridget Jones

Otro modo práctico y eficaz para mejorar la inteligencia emocional es la de apuntar en una libreta de sentimientos diarios.

Los escáneres cerebrales demuestran que escribir las emociones en una libreta reduce la actividad de la amígdala responsable de la intensidad emocional.

El beneficio es especialmente evidente en el género masculino y todavía más cuando son escritas a mano en lugar de tecleadas en un ordenador.

Expresa las emociones con asertividad

Ahora que sabes identificar y poner nombre a las emociones, el otro paso es aprender a expresarles sin efectos adversos por medio de la asertividad.

La fórmula general es que te sientes con X emoción cuando haces tal conducta en una situación Z, teniendo en cuenta que:

Defines concretamente la emoción X asustada, eufórica o asustada. Expresas las emociones en primera persona, comunicas la conducta y lo que te provoca la emoción, no las intenciones.

Termina expresando lo que necesites.

Evita esas frases que comiencen por tú y sigue con juicios o acusaciones.

Un ejemplo sería que te sientes poco valorado porque tienes 5 años sin recibir aumentos de sueldo en una empresa a pesar de todo lo que le dedicas.

Convierte todo en conductas prácticas

No intentes aprenderlo todo a la vez, céntrate en una sola cosas y la vuelves algo práctico para que sepas qué hacer y cuándo.

Por ejemplo, imagina que sientes que no le dedicas toda la atención a la gente, constantemente estás divagando y soñando despierto, tienes muchas distracciones en el móvil y eso es algo que te afecta.

Una conducta emocionalmente inteligente, es convertir el intento de prestar más atención en algo práctico. Por ejemplo, apaga el móvil y deja de lado las preocupación cada que te relacionas con otros. ahora en vez de hablar de deseos, presta más atención, estás hablando de conductas concretas a cambiar.

Repite la nueva conducta. La plasticidad neuronal modifica las conexiones para que cree la vía neuronal del hábito hasta que se convierta en algo automático

Otro modo de reforzar un hábito es la visualización, imaginarte a ti mismo haciéndolo de manera activa con el mismo circuito neuronal que la actividad real, por eso los atletas olímpicos dedican horas a recrear mentalmente la carrera que harán el día que se compita.

Reduce lo atractivo de las tentaciones

Si eres de lo que te gustan mucho los dulces, puede que te resulte difícil resistir un pedazo de dulce, especialmente cuando piensas en cómo vas a sentirlo en la boca.

En un estudio famoso que se llama La prueba del malvavisco, que se hace en los sesenta por parte del psicólogo Walter Mischel, en Universidad de Stanford, mostró cuál era la mejor forma de resistir la tentación de comer dulces. Además de las conclusiones del estudio, la capacidad de autocontrol predice que una persona puede alcanzar el éxito, tanto a nivel emocional, académico y social.

El experimento cuenta con grupos de sujetos de cuatro años de edad, a los que se les da un malvavisco, a estos se les propone que si podían esperar veinte minutos sin comerlo se lo daría a otros. aquellos niños que no resisten la tentación de llevarlo a la boca, no reciben otro malvavisco.

Los resultados mostraron que dos de cada tres niños aguantan veinte minutos y se comen un dulce. Al cabo de unos años, los investigadores descubren que quienes resisten la tentación, eran exitosos tanto en el campo laboral y académico como en el social y emocional.

Pero qué hacen los niños que resistan la tentación y otros no. Pues los niños a los que se les pide que imaginen la golosina como una imagen o una figura abstracta, por ejemplo, una nube en el cielo. Tuvieron más éxito al momento de resistir la tentación. Por el contrario, los niños que imaginan la golosina por el sabor o por ser un dulce que se guste y tienen problemas en la prueba.

Modifica el ambiente

Imagina que estás en el hogar y pese a que estás a régimen, te apetece comerte unas galletas, por suerte vas a la cocina, abres el armario y ves que todo ha acabado, al final optas por comer un plátano y un yogurt. Que al fin y al cabo son más saludables. El que tengas estímulos negativos no es una buena opción, por lo que si quieres tener un control puedes tomar decisiones como no comprar las galletas.

Imagina esto, estás estudiando en la habitación y tienes un cuenco con caramelos frente a ti, evidentemente comes más caramelos si los tienes en el escritorio que si no los tienes, por lo tanto, modificas el ambiente es una buena estrategia para el autocontrol. Un estudio llevado a cabo en 2006 encuentra que un grupo de secretarias comían más caramelos cuando el cuenco era transparente que cuando había uno opaco cuando esté estaba en la mesa de trabajo lo comían más que cuando estaba a seis pies.

Si sabes que los colores de una habitación pueden afectar el humor y los impulsos de compra.

Practica mindfulness

Tienes que practicar el mindfulness es un modo práctico empleado en la actualidad y las investigaciones demuestran que sirve para mejorar el autocontrol y la gestión emocional. Especialmente en las situaciones de estrés. Básicamente el mindfulness se centra en un trabajo de atención y actitud, con el que se espera estar presente en el aquí y en el ahora, de manera intencional, cumpliendo con principio básicos, con un pensamiento caracterizado por no juzgar, aceptar, tener compasión y paciencia.

Vamos a hacer ejercicios sobre mindfulness:

Respiraciones profundas

Uno de los modos más usados en las técnicas de relajación, incluido el mindfulness se basa en que lleves la atención a la respiración.

La respiración es un acto cíclico que está en el flujo constante que nos mantiene vivos y en el aquí y ahora con el presente en una unión inequívoca del cuerpo con el aire que nos rodea.

El aire es también un elemento que cambia, se respira cada vez un aire distinto, además es algo con lo que se cuenta siempre.

Estas cualidades hacen de la respiración un método útil y sencillo para que conectes con el ahora.

Normalmente se respira automáticamente, sin embargo, l respiración es la manera en la que nos nutrimos, por lo que tomar consciencia en ella y el poder modularla nos lleva a más autocontrol en nosotros mismos.

Este es un ejercicio de respiración que puedes hacer:

- Te estiras boca arriba en una superficie estable y rígida, que esté cercana del suelo.
- Coloca una mano en el pecho, a la altura del corazón. Otra en el vientre, puedes poner música para que medites o para relajarte o para estar en silencio.
- Cierra los ojos y comienza a inspirar por la nariz, tratando de llevar el are hasta el vientre sintiendo cómo se hincha. Esto lo logras con la respiración diafragmática.
- Cuando el vientre se hinche, acaba de llenarte, amplía la capacidad l pecho también. Hazlo lento, contando segundos, aguante por dos segundos.
- Comienza a espirar por la boca, lento, por los mismos segundos que tardaste en inspirar.
- El proceso lo puedes hacer por unos minutos.

Observa los pensamientos

La meditación oriental tiene como objetivo que dejes la mente en blanco, detén los pensamientos. Sin embargo, la sociedad del momento es muy inalcanzable, por lo que el mindfulness busca jugar con la atención, la focaliza en casos concretos y ralentiza el vaivén de los pensamientos y la dispersión.

Puedes hacer el ejercicio anterior de la respiración y en ese caso el elemento en el que te centras para que dejes de lado a otros es con la misma respiración.

Busca ser consciente plenamente y observa que mientras lo hacer a lo mejor se pasan pensamientos intrusivos por la mente que te buscan desconectar del ahora.

El momento presente no es más que ese donde sucede mientras estás respirando, en cambio los pensamientos te llevan al pasado o al futuro, no te preocupes, te tienes que dar comprensión y buscar retornar delicadamente la atención de nuevo a la respiración.

Lo debes hacer las veces que te asalten los pensamientos, la mente tiene la característica de poner verse a sí misma, entre más lo hagas más comprensión se tiene sobre ti y más control adquieres más sencillo te sale.

Identifica emociones

De seguro no solo los pensamientos dispersan la atención, porque en la mayoría de casos estos se acompañan de las emociones. En el día a día nos vemos expuestos a una gran cantidad de situaciones que causan emociones y muchos cargan con una mochila de emociones que lleva a reprimir y enmascarar para facilitar el seguir con nuestras vidas.

Se buscan distracciones o se mantienen ocupadas para no tener tiempo de pensar en ellas, por esto es que en el momento en el que nos quedamos a colas, bajamos la guardia, esas emociones acumuladas pueden rebrotar y recordarnos que están allí, vivas.

Se asertivo

La asertividad es una habilidad social y comunicativa que se halla entre la pasividad y la agresividad. Se sabe que este punto medio es un poco difícil de hallar, pero es la clave para que mejores la comunicación donde te encuentres.

A menudo se confunde erróneamente con la agresividad, dado que la asertividad implica que hagas valer la posición firme y persistente.

Sin embargo, aprender a trabajarla en equipo es más valioso que manifestar el punto de vista por cuenta propia.

Cuando se interactúa con los demás, se tiende habitualmente a ponerse la postura de agresividad, a expresar de forma inapropiada el resultado o la falta de confianza en sí mismo.

La asertividad es una comunicación equilibrada, o se considera pasiva ni agresiva, sino que es una conducta donde se expresan los sentimientos con honestidad, de manera directa y correcta, siendo respetuoso con los pensamientos y las creencias de los demás, a la vez que se defienden los otros.

Expresar correctamente los sentimientos y los deseos requiere de una habilidad importante tanto personal como interpersonal. En las interacciones con los demás, sea en casa, trabajo, con clientes o colegas. La asertividad ayuda a expresarnos de forma clara, abierta, razonable sin menoscabar por ello a los demás.

Identificar una conducta pasiva o no asertiva es muy fácil. Las personas que se comportan de esta manera buscan constantemente agradar a los otros y cumplir el deseo de ellos, tienen una necesidad inmensa de ser valorado por las acciones que se enfocan solo en complacer a los demás con el riesgo de socavar los derechos individuales y la confianza en sí mismo. Es una conducta caracterizada por darle responsabilidad a otros y aceptar que los demás tomen decisiones por nosotros.

La mejor forma de corregir esto es que se aprenda a decir que no, si en algún momento nos mandan a hacer una tarea para la cual no tenemos tiempo o no podemos sacar beneficios para nosotros.

La conducta agresiva no es asertiva, cuando una persona actúa de forma agresiva no tiene en cuenta sentimientos de otros y nunca demuestra aprecio hacia los demás. Es un tipo de actitud que puede tener consecuencias que no se quieren para lo que se está comunicando, porque a menudo la agresividad causa bloqueos para avanzar. Las respuestas llenas de agresividad favorecen la réplica no asertiva, sea pasiva o agresiva.

La comunicación agresiva es un modo habitual de comunicarse en las empresas. No es necesario que se grite para ser agresivo. Una posición agresiva muchas veces es la de no escuchar a los otros, no atender peticiones, no escuchar argumentos una posición agresiva es no atender a otros y solo imponer lo que se desea.

¿Cómo ser asertivos?

- No permitas que otros te impongan órdenes si estas van en contra de los principios o deseos, evita que te manipulen.
- La asertividad implica que comuniques el punto de vista sin que nadie te pase por encima y respetar a la vez a los otros.
- No permitas que te ofendan o te amenacen, evita de este modo situaciones llenas de estrés o ansiedad. La asertividad actúa como una coraza contra lo negativo y las humillaciones. Es una actitud que camina al éxito.
- Ser asertivo significa que seas abierto para que expreses pensamientos, sentimientos y deseos. Anima a los demás a que se haga lo mismo.
- Para ser una persona llena de asertividad se tienen que escuchar las opiniones y los consejos de los demás, si los consejos son buenos para los otros, los tienes que aceptar, si no es así, los rechazas con delicadeza, sin ofender a los otros.

Conductas que ayudan a ser asertivos

- Acepta que tienes responsabilidades, pero también aprende a delegar.

- Felicita con frecuencia a los otros por lo que hacen, admite errores y pide disculpas cuando te equivoques.
- Deja de ser conformista, busca experiencias nuevas y alternativas para que mejores en la vida profesional y personal. Es lo que necesitas para llegar a ser feliz.

Claves para que logres ser asertivo

Ten presente estas claves que te servirán para reforzar la asertividad

Comienza con cosas pequeñas

Si la idea es ser asertivo y esto te hace sentir inseguro, comienza con cosas que no tengan mucho riesgo, por ejemplo, cuando pidas una hamburguesa y el camarero te trae pasta, le haces ver el error y le pides que lo cambie.

Si vas de compras con la pareja y tratas de decidir sobre un sitio para comer, manifiesta la opinión a la hora de elegir a donde ir.

Cuando sientas comodidad con esto, comienza a aumentar la dificultad poco a poco.

Comienza diciendo No

Si vas caminando a la asertividad, el No es el mejor aliado, tienes que decirlo con más frecuencia. A lo mejor ser firme y decidido con el No sin dejar de ser considerado Sí es posible, prueba y verás.

Al comienzo, decir no puede que te dé un poco de ansiedad, pero con el tiempo te sentirás liberado.

Puede que algunas personas sientan decepción ante esta situación, pero recuerda que mientras expreses las necesidades con consideración, no eres para nada responsable de las reacciones.

Sé simple y directo

Cuando te afirmas a ti mismo, menos es más. Tienes que hacer las peticiones de manera directa y sencilla, no tienes que darles explicaciones elaboradas a los otros, solo con una respuesta cortés es suficiente.

Usa el Yo

Cuando haces peticiones o expresas desaprobaciones usa el Yo, lo haces en primera persona, en vez de decir: Eres muy desconsiderado, no tienes idea lo duro que ha sido este día, ¿por qué me pides eso?

Tienes que decir:

Estoy muy cansado hoy, veo que quieres que haga eso, pero no las podré hacer hasta mañana.

No te disculpes por expresar deseos o necesidades

A menos que pidas algo irrazonable, no tienes que sentir culpa o vergüenza por expresar necesidades o deseos. Deja de estar pidiendo disculpas cuando pides algo, solo lo pides con educación y ya. Espera a ver cómo la otra persona responde, el que seas asertivo se traduce en que comunicas.

Usa el lenguaje corporal y el tono de voz

Tienes que verte y sentirte seguro cuando hagas solicitudes, o indicar preferencias, ponerte de pie, inclinarte un poco, sonreír o mantener expresiones neutras mira a la personas a los ojos, son acciones que muestran seguridad. Puedes también asegurarte de hablar claramente y con la voz alta.

No justifiques o expliques las opiniones que des

Cuando tomas decisiones o das opiniones con las que otros no están de acuerdo, un modo en el que buscarán poner presión en ti es que les expliques por qué lo hiciste, opinaste o te portaste así. Si no puedes encontrar una forma de hacerlo, tienen que estar de acuerdo con lo que quieren

Las personas que no son asertivas, con la necesidad de estar agradando se sienten obligadas a dar explicaciones o justificaciones por cada elección que hacen, incluso si no se las han pedido.

Se quieren asegurar de que todo mundo está de acuerdo con las opciones y que de este modo lo que hacen es pedir permiso para actuar.

Sé persistente

A veces enfrentas situaciones donde inicialmente no encuentras respuesta a las solicitudes. No te limites a decirte tú mismo que lo intentaste.

A menudo, para poder encontrar justicia tienes que ser persistente.

Por ejemplo, si te cancelan un vuelo sigue preguntando acerca de las opciones, como ser pasado a otra línea aérea para que llegues a destino a tiempo.

Ten calma

Si una persona no está de acuerdo o desaprueba lo que elegiste, opinaste o pediste, no te tienes que poner a la defensiva o enojarte. Es mejor que busques una respuesta constructiva y decidas evitar a la persona en otras situaciones.

Elige las batallas

Un error común que se comete en el camino a la asertividad es que se busca ser firme todo el tiempo. La asertividad es situacional y contextual, puede haber casos donde ser asertivo no te lleve a ningún lado y tomar posturas agresivas o pasivas sean el mejor camino.

A veces lo mejor es que se oculten los sentimientos, sin embargo, aprender a decir las opiniones que se tienen y a respetar la validez de estas opiniones, te hacen una persona con más confianza.

El resultado de las acciones asertivas puede llevarte a encontrar lo que quieres o un compromiso, o tal vez un rechazo. Esto da pie a que te sientas más cerca de controlar tu vida.

Entonces, la asertividad es un modo de comunicarse con los otros de una manera abierta, directa y con honestidad en relación con los sentimientos, las necesidades y derechos.

¿Por qué es tan difícil ser asertivo? Las razones son muchas, pero todas tienen que ver con las creencias falsas que se tienen en relación a cómo se sentirán o actuarán los otros si nos comunicamos asertivamente.

Pero no olvides los beneficios de ser asertivo, tu confianza se alimenta y mejora tu autoestima, el control se optimiza con el control de la vida y las emociones y mejoran las relaciones con los demás.

Ten ambición, pero controlada

En el diccionario de la RAE se puede encontrar una buena definición de lo que es la ambición:

Es el deseo ardiente de conseguir poder, fama o riquezas.

Ese deseo es el que nos hala como un imán que nos pone en acción para lograr las metas que nos propongamos.

La ambición es algo que se desea, en combinación con la actitud generan los estímulos que se necesitan para desarrollar la acción poderosa que se enfocan en generar resultados.

Hay que asumir que el mensaje que la ambición transmite en todo momento no es otro que ponerse en acción. Nos quiere decir solo eso, por tal razón hay que aprender a controlar la arenga insaciable. Las acciones desmedidas o mal enfocadas generan efectos perversos con malos resultado para la salud.

Cuando no podemos controlar la ambición esto puede llevar a la ansiedad por no haber conseguido el objetivo, sea por lo que quede por hacer, por lo grande del objetivo en comparación con la velocidad a la que vamos.

Para mantener la ambición controlada, te pregunto esto:

¿Qué es lo que quieres?

Puede parecer sencilla la pregunta, si tratar de responder ahora mismo. Pero a la vez es compleja para muchos de los proyectos en los que trabajas, a lo mejor descubres que no sabes qué es lo que quieres conseguir en cada uno de ellos.

¿Qué quieres?

¿Por qué lo quieres?

¿Para qué lo quieres?

El tratar de aclarar esto desde el momento cero puede ser clave para que mantengas las ambiciones bajo control.

Ya se sabe que la ambición se apodera de la inercia y que muchas veces hacemos más y más sin cuestionamientos. No nos paramos a reflexionar y simplemente nos dejamos llevar por la llamada de la acción que nos lleva a oportunidades y nos lanzamos por ellas. Cuando detectamos esto podemos decir que las riendas de la acción se dirigen por la ambición y no por nosotros.

Tener claro lo que se quiere antes de hacerlo ayuda a tomar el control de las vidas y evitar que la ambición, ese deseo inmenso de crecer, de hacer, de conseguir, acabe dirigiéndonos.

Descubrimos que cuando sabemos qué es lo que queremos, cualquier cosa cualquier acción, cualquier propósito puede no ser el correcto y así se aprende a discriminar los proyectos que de verdad merecen la pena y los que no. En función de que se alineen o no con lo que se quiere. El ser selectivo gracias a esta breve pregunta aporta a nosotros una buena dosis de felicidad, acción y enfoque a lo que se quiere.

Cuando hayas encontrado las respuesta a esto ¿Cuál es el mejor camino para controlar la ambición?

En la planificación se encuentra la mejor herramienta para que gestiones y controles la ambición, cuando respondes a esto de qué es lo que quieres, inicias la planificación en busca de los objetivos, trazas el plan de acción que te lleva a ellos, dimensiona la magnitud de la acción y pones hitos y fechas al desarrollo. De esta manera acotas lo que necesitas hacer en cada momento, mantienes el control de lo que debes hacer.

Cuando no lo haces así, el deseo de alcanzar objetivos cuanto antes puede transmitir un sensación de ansiedad por todo lo que queda pendiente, por lo mucho que falta para que llegues al objetivo. Cuando planificamos, conocemos lo que debe ser el desarrollo del proyecto, los tiempos en los que se hace la posibilidad de medir cada uno de los pasos y la evolución, con esto consigues el modo de alcanzar una sensación de certidumbre que al final domina la ambición.

Se ha visto que la realización de esto y el ejercicio de la planificación correcta supone una metodología adecuada para que consigas grandes resultados en la ambición de manera controlada y sin estrés.

APRENDE A DESARROLLAR LA AUTOCONFIANZA

Incluso los líderes grandes, pasan por momento donde la confianza les flaquea y tienen que trabajarla la confianza en unos mismos no es una cualidad estática, más bien es un estado mental que requiere esfuerzo fuerte para mantenerse cuando las cosas no marchan.

Se tiene que aprender, practicar, dominar al igual que otras habilidades, pero cuando se domina tiene un gran cambio positivo.

¿Qué es la autoconfianza?

La autoconfianza tiene un poder que todos tenemos, que es el de creer en nosotros mismos, a lo largo del desarrollo personal, se va puliendo el defecto que podamos tener y las virtudes. En base a la experiencia y los aprendizajes que se van moldeando. Algo que nos ayuda a avanzar en la confianza.

Tanto para el desarrollo de la autoestima como para el crecimiento personal hay una necesidad que es la de confiar en uno mismo, si no se tiene confianza nos paralizamos, huimos y evitamos toda experiencia desconocida, creyendo que no vamos a ser capaces de enfrentarla. En la autoconfianza está el impulso que os lleva a crecer y enriquecer ante las diversidades de experiencias.

La visión del mundo depende de cómo nos veamos a nosotros mismos, igual que la relación con las demás personas. Vamos creando un concepto sobre nosotros en función de cómo creemos que nos ven los otros, sin embargo, no hay que perder de vista el cómo nos estamos viendo nosotros. Dependiendo de esto vamos a focalizar más la atención a los aspectos negativos o positivos.

Un sesgo bastante habitual que tenemos las personas es el de quedarnos con una parte de las cosas en vez de la globalidad. El cómo se ha desarrollado la autoconfianza nos ayuda a ver más allá de las críticas, los resultados y los errores que se cometan. Facilita la comprensión, la compasión para poder llegar a la aceptación. Vamos a ver en detalle en qué consiste esto de la autoconfianza y cómo se trabaja.

Cree en ti es la base para la autoconfianza

Si a estas alturas aún te preguntas en qué se basa esto de la autoconfianza, vamos a detallas un poco más. Esta es una característica propia de todas las personas, aunque hay personas que la tienen más desarrollada. Otras la tienen mucho menos, lo importante es que todos tenemos esta percepción intrínseca.

La autoconfianza se basa en la imagen que nos hemos creado de nosotros mismos desde que somos niños, una autoimagen es la que le vamos dando en relación a la experiencias que vamos viviendo, por supuesto en gran medida a la interacción que mantenemos con los otros y con el entorno.

Este es un concepto que se desarrolla con nosotros mismos y ayuda a que confiemos y creamos en las capacidades, en las habilidades para los aprendizajes y a seguir creciendo por medio de las experiencias.

Confiar en sí mismo es la base para una buena valoración personal, lo que supone una mejor autoestima y seguridad. Qué sucede cuando se tiene poca confianza en nosotros mismos, lo que pasa es que la infravaloramos lo que se puede lograr, de este modo no nos atrevemos a llevar a cabo los sueños e ilusiones. Nos bloqueamos ante los retos y nos asentamos en la comodidad. Limitamos las experiencias y capacidades para podernos desarrollar.

Hay personas con mejor confianza en sí mismo que otras, esto tiene que ver con el valor que damos a las opiniones de otros, de cómo nos afecta la valoración de otros y las críticas. Cuando damos más importante a lo que dicen los demás de nosotros e intentamos llenar sus expectativas, sin haber visto antes las motivaciones, los sueños la valía ante las dificultades hace que sea inevitable crear una imagen de sí mismo infravalorada y distorsionada.

La autoconfianza se puede construir. Todas las personas la podemos alimentar. Vamos a ver ahora cómo es que se puede trabajar si nos centramos en el autoconocimiento.

Cómo construirla día a día

Cualquier persona por muy baja confianza que tenga, es capaz de reemplazar la imagen que tiene por otra más beneficiosa, para ello tiene que estar dispuesto a implicarse en el autoconocimiento. Tiene que dar valor a lo que le gusta, las motivaciones, expectativas, ilusiones y sueños.

El que te vayas conociendo a ti mismo en todos los aspectos te hará fácil tener una visión sobre ti. Donde compruebas que no eres una persona más, que eres tú, un ser único, que tienes una personalidad, con talentos y experiencias que nadie más tiene. Si puedes valorar este tesoro que eres, podrás entonces comenzar a sacarle el mayor provecho al desarrollo y a pulirte.

Para poder construir la autoconfianza tienes que saber que debes dejar de compararte con los otros, tan solo tienes que superarte tú mismo, cada persona tiene un ritmo y unas motivaciones, por lo que te tienes que centrar en cómo puedes avanzar en relación a ti. Debes ir viendo lo que vas a construir dentro de las posibilidades y lograr ser mejor persona. Esto como puedes ver no tiene nada que ver con lo que hacen las demás personas.

Debes comenzar a enfocarte en todo lo que puedes hacer, dando pasos que te permitan avanzar. Agradece por lo que tienes y la oportunidad que te ha dado la vida en cada experiencia para poderse desarrollar y adquirir aprendizajes. Claro que eres imperfecto, todos lo somos, cometes errores y caes constantemente todo esto es parte del proceso. Cualquier incidente y adversidad son prueba de que estás haciendo más fuerte la autoconfianza. Cuando puedas comprender en tu interior esto, reconocerás y aceptarás el mundo. el mundo de posibilidades que se abre ante ti vas a dar el paso a la aceptación y sabrás que mereces todo lo bueno que suceda. Cuando crees en ti no ves a los demás como rivales ni ves al mundo como un sitio hostil donde procuras sobrevivir a toda costa. Aumentas la capacidad de visión al mundo y a las personas gracias a que te sientes en paz contigo mismo.

Trabaja los hábitos negativos

Los malos hábitos afectan tu vida, ponen en peligro tu salud y te roban energía en el cuerpo y la mente. Eso ya lo sabes. Entonces ¿por qué sigues con esos malos hábitos? ¿Por qué es que no los cambiamos? ¿Se podrá hacer algo al respecto?

Todos tenemos malos hábitos, sin embargo, algo que sirve en estos momentos es tener rutinas y sentirse mejor. Hay que romper con los malos hábitos, esto exige un proceso, especialmente exige la estrategia correcta.

Aquí vas a encontrar la respuesta a las preguntas anteriores y la fórmula que de verdad funciona para que comiences a trabajar estos hábitos que afectan y le cobran factura a tu bienestar. Comienza hoy a dejar los malos hábitos.

No importa si hasta ahora has estado en el camino incorrecto, siempre hay una oportunidad para que des la vueltas y mejores.

Si la respuesta es que sí quieres cambar tu vida, entonces te cuento cómo hacerlo

- ¿Por qué es que no lograr romper esos lalos hábitos que no te dejan que tengas una buena vida?
- ¿Cómo detectar los malos hábitos en la rutina que afecta el bienestar?
- ¿Cómo lograr cambiar os malos hábitos con una fórmula efectiva y sencilla de poner en marcha?

Antes de eso imagina esto:

Estas en casa, ves una película. Mejor, se trata de un film emocionante, con suspenso, y está en el sofá, cómodo, al borde del colapso nervioso. La película va en lo mejor, justo en la escena donde se sabrá quién es el asesino.

De repente...

El televisor se apaga. Se fue la luz.

Todo está a oscuras, te tambaleas, caminas con cuidado, tanteando la cocina, esperando a ver si la vista se adapta, quieres ir por las velas. Cuando llegas a la cocina le das al interruptor para encender la luz. obviamente no prende.

Le quitas importancia o hasta te llamas tonto a ti mismo por haberlo hecho, el cerebro ya te recordó que no hay luz. prendes la vela y ya esperas a que restablezcan el servicio.

Te vas para el baño, y apenas pones un pie dentro le das de nuevo al interruptor, con la misma suerte que el de la cocina. Te quedas pensando que cómo es que haces lo mismo un par de veces seguidas.

Prender y apagar la luz es algo que haces en automático e inconsciente.

Lo importante es que, así como se dan esas cosas, solo cuando te haces consciente de los hábitos, es cundo puedes hacer algo al respecto para que lo cambies.

Entonces, no ser consciente de los malos hábitos es el primer motivo que explica por qué no has logrado eliminarlos de tu vida.

Los malos hábitos son automáticos, muchas veces no puedes darte cuenta de qué es lo que los inicia. De ahí la importancia para que hagas un análisis y detectes los malos hábitos que quieres cambiar y esto es algo bueno porque si eres capaz de darte cuenta de ese mal hábito puedes cambiarlos a favor.

Aunque, hay muchos otros motivos que hacen que no puedes borrar esos malos hábitos y es importante que sepas cuáles son para que no sean errores establecidos en el mañana,

¿Por qué es que no puedes eliminar los malos hábitos?

En la pregunta encuentras la segunda razón, intentar eliminar los hábitos no funciona.

Comencemos por aquí entonces: eliminar los hábitos no es posible.

Sí, no es un error... no es posible.

Cualquier hábito que se tenga en la vida, sea bueno o no, se almacena permanentemente en el cerebro y no se puede borrar.

No te vayas a ir ni pares la experiencia de este contenido.

Lo que acabo de decir es una gran noticia, los hábitos saludables que se hagan de manera efectiva desde hoy, van a tener beneficios a largo plazo y no se irán de la rutina.

Sin embargo, que intentes una y otra vez eliminarlos simplemente es una estrategia que impide que veas los buenos hábitos.

Además, intentar eliminar el pensamiento te lleva a caer en el mal hábito, solo lo hace más recurrente en la mente. Es como una paradoja, el cerebro hace un escaneo de los pensamientos para detectar si aparece el pensamiento a eliminar, pero en el proceso llega a la mente el pensamiento una y otra vez.

Si quieres dejar la gaseosa y tratar de reprimir ese empalagoso antojo de la mente, el cerebro hará que sea más constante.

Como te puedes dar cuenta, el eliminar los malos hábitos es algo que no se da, pero hay otras estrategias populares que tampoco ayudan a que cambies los malos hábitos.

Imaginas el resultado, no el proceso.

¿Alguna vez has leído que el solo imaginar la vida con mejores hábitos hará exactamente eso?

Pongamos por ejemplo que quieres perder peso, imagina que andas en bañador corriendo por la playa, eso hará que lo logras más fácilmente. Suena bonito y te hace sentir mejor. Se ha descubierto que esta estrategia sola para que llegues a la meta.

Igual, puede ser perjudicial, no permite que valores el proceso y esto para porque la mente se satisface al imaginar el resultado final y resta urgencia para mejorar los hábitos.

Así que olvida para siempre las estrategias anterior y mejor ve con los pasos de este apartado para que sepas que sí funciona la fórmula. El momento de ser consciente de los malos hábitos restan bienestar a tu vida.

Cómo detectar malos hábitos

A lo mejor tienes una buena lista de malos hábitos que te hacen daño y quieres eliminar de tu rutina.

Si no es así, te recomiendo que lo hagas y seas consciente de esos malos hábitos. Es lo clave para que los modifiques saludablemente.

Para ayudarte, esto es lo que se define como mal hábito:

Es una acción repetida que directa o indirectamente afecta el bienestar y la salud.

Por qué es que tenemos esos malos hábitos a pesar de que nos afectan. Bueno, importante analizar esto. Lo interesante es que los hábitos que son poco saludables tienen recompensas positivas a corto plazo para el cerebro, esto hace que caigamos una y otra vez en ellos y sea difícil borrarlos.

Esta es una recompensa, una sensación agradable un alivio de ahora de un sentimiento, a veces la recompensa se trata de reacciones fisiológicas o psicológicas.

Las partes de un hábito bueno o malo:

- El hábito.
- La recompensa.
- El recordatorio del hábito
- Se vuelve al ciclo de comenzar el hábito en un círculo eterno.

Vamos a suponer que tienes el hábito de tomar Coca Cola, no es saludable. Se sabe que tiene mucha azúcar dentro, el azúcar se almacena en forma de grasa y con el tiempo aumenta el peso. Como consecuencia se padecen enfermedades. Es algo que no quiere nadie.

El problema es que tomar Coca Cola se instaló en el cerebro en forma de habito por medio de un recordatorio o desencadenante y una recompensa positiva.

Entonces la situación se da así:

- El recordatorio, que es la sed que te recordó y motivó a ir al refri a buscar una lata roja.
- La rutina o hábito que es tomarla y sí, es un hábito, y muy malo.
- La recompensa que es la sensación de beber y el pico de azúcar en sangre que activan y hacen sentir bien el cuerpo... pero lo daña.

En el momento en el que la acción se convierte en hábito, el cerebro asocia determinados recordatorios con recompensas como le sucede en el ejemplo del interruptor de la luz.

Lo que se traduce como que los malos hábitos se presentan en la vida por una razón, responden a necesidades, como reducir el estrés, calmar antojos, apagar la sed, por eso el tratar de eliminarlos no es la mejor manera de enfrentarlos.

El primero paso es que seas consciente de que, aunque tienen un disfraz de recompensan, son malos hábitos que te dañan. Detectarlos es clave para que los cambies.

Comienza por buscar papel y anotar los malos hábitos

Toma unos minuto para que los detectes y es el primer paso porque muchas veces ellos se esconden y puede ser difícil detectarlos, nos engañamos a nosotros mismos para no detectarlos.

Toma una hoja y un lápiz y escribe una lista de los malos hábitos que tienes en la rutina. Nadie va a ver las respuestas.

En un estudio se analizó que detectarlos es efectivo para que los cambies.

Les pidieron a los participantes que escribieran los hábitos malos que buscaban borrar.

Estos tenían algunas actividades poco saludables como el comer comida chatarra, procrastinar, ir a la cama tarde, beber alcohol, incluso ir de fiesta.

Después, los investigadores le dan libretas para que ellos escriban cuando dónde y cómo aparecen los hábitos, lo que los investigadores encuentran es que había que registrar el momento en el que ponían en marcha estas acciones, esto fue clave para reemplazar los malos hábitos.

Vamos a hacer eso a continuación para que veas esta excelente fórmula.

Así cambias los malos hábitos

La fórmula consiste en que reemplaces los malos hábitos y coloques hábitos saludables y listo...

Para poder eliminar los malos hábitos los tienes que cambiar por buenos, que generen recompensas. Te va a parecer complicado, pero es muy sencillo.

Solo tienes que encontrar una actividad sana que puedas usar para reemplazar el hábito, con el tiempo la acción va a tomar formar y lograrás sobreponerte al viejo hábito.

Qué pasa con este hábito poco sano si no lo puedes borrar totalmente.

Tristemente el hábito se mantendrá en la memoria, estará allí latente, esperando a reactivarse en cualquier momento, pero lo suficientemente débil como para que tome poder.

Por fortuna muchos de estos hábitos que quieres cambiar tienen un reemplazo saludable. Por ejemplo, comer fruta en vez de dulces, leer un buen libro en vez de la adicción a la TV, tomar agua en vez de refrescos.

La estrategia es que reemplaces el hábito por otro, es clave y terapéutico se usa por profesionales para que trates el Trastorno Obsesivo Compulsivo. La estrategia de reemplazar hábitos malos por buenos ayuda a las personas a tener control de los hábitos inconscientes y esto es útil.

Te tienes que dar cuenta cuál es ese hábito que quieres cambiar, luego tienes que ser consciente del momento en el que se desencadena el mal hábito y finalmente encontrar una acción que los sustituya de la mejor manera.

Entonces lo primero es que:

- Selecciones el mal hábito.
- Que lo describas de manera específica

- Encuentra el beneficio a corto plazo y el recordatorio.
- Toca reemplazarlo por algo saludable.

Para que puedas identificar el mal hábito tienes que analizarlo en concreto por unos días, toma el tiempo necesario.

¿Cuándo, en qué lugares, a qué hora o con quién es más común que caigas?

¿Tienes un estado de ánimo que haces que caigas en el mal hábito?

¿Qué sensaciones tienes cuando lo haces?

Después de analizar esto, tendrás la señal que hace que caigas en el mal hábito, el recordatorio y la recompensa o el beneficio inmediato que percibes. Recuerda que los malos hábitos también tienen recompensas a corto plazo.

Ahora solo queda que reemplaces el mal hábito por una acción mejor y más saludable.

Por ejemplo:

- En vez de desayunar el pan dulce de todos los días, te comes una tostada y un pedazo de aguacate.
- En vez de ver televisión hasta medianoche, comienza a escuchar un audiolibro.
- En vez de tomar refrescos, compra agua con burbujas o mejor agua fresca.
- En vez de ver la serie de la tarde con snacks, come frutos secos como almendras o pistachos.
- En vez de tomar el ascensor, sube por las escaleras o al menos algunos pisos si vives muy alto.
- En vez de procrastinar con un video de YouTube, escribe los pasos a dar para terminar una tarea.

Entonces, desde ahora cuando encuentres el mismo recordatorio, lo cambias y pones a prueba con la actividad seleccionada.

Todo es cuestión de que seas consciente del mal hábito en el momento en el que estés a punto de caer o cuando hayas caído, tienes que poner a prueba la acción, pero si caes en el hábito no te culpes, recuerda que dejar los malos hábitos requiere tiempo y esfuerzo, sobre todo constancia.

Poco a poco el cerebro aprenderá el patrón de comportamiento y el mal hábito se entierra en el fondo de la mente mientras que el nuevo toma el control

Entonces ¿qué pasa si no encuentro acción que logre reemplazar el mal hábito?

Pon hábitos nuevos para que todo funcione

Esta es una fórmula que se complica para los malos hábitos que están arraigados en la rutina diaria, si se te complica no te preocupes, siempre hay un plan B. en este caso la idea es que incorpores un hábito saludable en la vida. Así de sencillo.

Sea que comiences a hacer ejercicio o cenar ensaladas, crear hábitos tiene el poder de desencadenar efectos saludables en todas las áreas de la rutina diaria.

No te compares con los demás

Las comparaciones son odiosas, eso se sabe, sin embargo, de uno u otro modo nos comparamos con los demás. Sin querer hacerlo, a lo mejor no quieres evitarlo, cuando miras a otros te comparas con ellos. Esto te lleva a dos situaciones, te sientes en una posición inferior o te sientes superior ante el otro. Ten la seguridad de que ninguno de los dos sentimientos tienen cosas buenas para ti.

Todo comienza cuando se es pequeño y comienzan las comparaciones con los otros, el primo, el hermano, el hijo de María, incluso puede que seas objeto de admiración por las demás personas, las vecinas, los maestros y que los hijos sufran las consecuencias de no alcanzar ese ideal que representabas.

De este modo nace la costumbre de vivir la vida comparándola con otros, en unos casos sientes que eres inferior en otros te crees superior. A medida que crecer se te olvidan los deseos y las motivaciones, es como si para saber si tu vida es satisfactoria si vas bien vestido, si el trabajo es bueno, necesitas medirte con los otro y así sabes el tipo de felicidad que tienes y si tienes o no satisfacción propia.

Vas comenzando a anhelar las habilidades, cualidades o vida de otros y que consideras ideales, así es como dedicas parte del tiempo a intentar conseguir ese ideal que no tiene el otro, sin que tengas en cuenta quién eres realmente, las habilidades, dones y cosas que tienes. Al contrario, necesitas hacer y tener cosas para sentirte mejor, exigirte cada vez ser más perfecto y mantener esa imagen. Sea cual sea el caso, lo triste es que pierdes el centro y el criterio y al final apenas puedes compararte con los otros.

¿Cómo afecta esto?

Las comparaciones son injustas, entre otras cosas porque por lo general comparas los puntos débiles con los puntos fuertes del otro, así seguramente pierdes, que no tengas duda de esto. Cada que te comparas le quitas mérito a los esfuerzos, habilidades y logros. L que impide que valores lo que puedes hacer. Cuando te comparas con los demás, dejas de centrarte en ti, te abandonas y dejas de trabajar en las motivaciones verdaderas y los deseos genuinos. Olvidas la vida propia, te centras en tratar de igualar la vida de otro bueno, para ser precisos lo que quieres es solo esa parte de la vida del otro que has idealizado, porque en la vida hay luces y sombras, aunque a veces se idealiza tanto al otro que solo ves sus luces y castigas viendo las sombras. Mientras más te distraes en la atención de los demás, dejas de trabajar en lo que te incumbe e importa.

También hay otro lado más oscuro en la comparación y es como te decía antes, cuando te comparas con otro te sientes superior o mejor que él, el alimento para el ego, te llenas de soberbia y vanidad. Pierdes humildad y mirada amorosa para el otro, eso sí somos sinceros, todos en algún momento lo hemos sentido.

Qué haces para dejar de compararte con los demás

Lo primero es que tomes consciencia de que te estás comparando, muchas veces nos comparamos con otros sin darnos cuenta de que lo hacemos, es algo común. Pero cuando le pones atención te das cuenta que lo haces varias veces al día, y la verdad es que sorprende y no tiene ninguna gracia.

Cuando te pilles comparándote con otras personas cambia el sentido de la atención y lo diriges a ti, céntrate en lo que es realmente importante, los objetivos, deseos y pon energías a trabajar para conseguirlos. No descuides el jardín por andar pendiente del jardín del vecino.

Le debes dar valor a los logros, a las experiencias de vida a los pequeños éxitos personales y profesionales, todos hacemos a lo largo del día cosas bien y que tienen valor. Aunque al compararte con otros se hace invisible.

Tienes que ser más considerado contigo mismo y con los otros. cuando te veas sintiendo inferioridad ante las cualidades de otro, recuerda que te comparas solo con los puntos fuertes y obvias los tuyos y te aseguro que tienes y muchos. Si al contrario te sientes en un punto de superioridad, toma unos segundos y haz las siguientes preguntas: ¿Para qué necesito sentirme superior? ¿Qué me aporta sentirme arriba del otro? Te va a sorprender la respuesta o a lo mejor no.

Agradece por lo que tienes, por todas esas cosas, no solo lo material, que son normales, habituales, no te paras a darles importancia ni el valor que tienen, pasan desapercibidas en el día a día, tienes salud, cama, familia, es de lo mejor que puedes hacer para que sientas que eres pleno y para que des las gracias.

Cerremos con esta cita:

"La única persona con la que deberías compararte es con la persona que eras ayer. Esa es la persona a la que debes superar y en la que debes fijarte para ser mejor".

Sigmund Freud

Cuida tu salud

Para tener autoconfianza tenemos que cuidarnos nosotros, y eso se consigue cuando podemos tener una buena salud tomando los cuidados preventivos y necesarios.

Tener buenos hábitos ayuda a que se tenga buena salud, no es fácil. Po eso tienes que tener en cuenta estos consejos para un buen cuidado de la salud:

Las frutas y verduras no pueden faltar

Te gusta comer frutas y verduras seguramente sí. Si es así, pues es excelente, según expertos, este tipo de alimentos son compañía perfecta para una buena nutrición. En términos de porciones la recomendación es que comas como mínimo cinco porciones al día y que sea de frutas variadas. Ingerir más de lo recomendado representa una alta porción de azúcar para el cuerpo.

Activa el cuerpo

La dieta no es todo, además de una alimentación saludable, el ejercicio es el otro habito que tienes que hacer si quieres tener una vida saludable. En caso de que lleves poco tiempo haciendo ejercicio, lo recomendable es que vayas aumentando poco a poco la actividad, así como la duración del entrenamiento hasta que consigas los objetivos planeados. Las rutinas exigentes no son buena opción.

Vacúnate

Los adultos también las necesitan. Muchos creen que solo los niños son los que se vacunan, pero no es así. Las mujeres embarazadas, por ejemplo, luego del nacimiento o en los primeros meses de vida, en el caso de adultos deben vacunarse contra la influenza o tétanos.

Enfrenta el estrés

Reconocer, analizar y admitir que podemos padecer estrés es necesario si queremos comenzar a cuidarnos. Por ejemplo, al enojarnos o irritarnos tenemos dificultad para dormir, padecemos dolores de cabeza constantes o problemas estomacales. Puede que estés sufriendo de estrés o estés a punto de contraerlo.

Cuida la sexualidad

Tienes que saber esto: casi la mitad de las nuevas infecciones se da en jóvenes entre los 15 y 24 años. la mayoría de estas enfermedades cae en ellos. Por eso es bueno que se tengan buenas prácticas sexuales, no solo porque se previenen embarazos no deseados, sino porque cuidamos la salud y estamos sanos.

Duerme las horas que corresponde

Para determinar las horas de sueño que se necesitan para dormir, se tiene que evaluar factores como el estilo de vida o el tipo de trabajo que se hace. Dormir es una necesidad tan básica como alimentarse para los seres humanos, peor para asegurar el óptimo funcionamiento del organismo, no solo se tiene que comer balanceado, sino que es importante dormir de manera adecuada y conveniente.

Aunque todos somos conscientes de esto, pocos son los que dan prioridad al sueño, en parte se entiende, luego de una jornada laboral, hay que atender otros compromisos como estar con la familia, prepararte académicamente o terminar proyectos estancados. Pero no solo eso, también la necesidad de distraerse con cualquier actividad que se encuentre de manera placentera, lo que muchos llaman procrastinación, pero son conceptos diferentes, así que las personas que no quieran dormir, es que el tiempo para dormir es cada vez más reducido.

Hay que programarse y tener horarios para poder hacer las tareas sin que afecte el sueño, es importante que se controle el sueño de los pequeños y las personas de la tercera edad, porque cada etapa de vida demanda una cantidad de horas específicas.

Por eso es que la National Sleep Foundation da a conocer las necesidades de sueño en función de cada edad. Veamos lo que debe dormir cada quien acorde a la edad:

- Los bebés de cero a tres meses tienen que dormir entre 14 y 17 horas al día. Aceptable es unas once horas y 18 horas es mucho.
- Los bebés entre 4 y 11 horas duerme entre 12 y 15 horas al día, puede hacerlo entre 10 y 11, pero nunca más de 18.
- De uno a dos años, necesitan dormir entre 11 y 14 horas al día, menos de nueve o más de 15 no se recomienda.
- En la edad preescolar de tres a cinco años, lo correcto es entre 10 y 13 horas, si duermen menos de siete o más de doce algo no va bien.
- Entre los seis y 13 años deben dormir entre 9 y 11 horas.
- Los adolescentes de 14 a 17 año requieren unas 9 a 10 horas.
- Los adultos jóvenes de 18 a 25 años, necesitan de 7 a 9 horas, pero nunca menos de 6 ni más de 11
- Desde los 26 a los 64 años lo ideal es dormir de 7 a 9 horas, aunque muchas veces no se logra. Es bueno tomar siesta cada tanto.

Tenemos que pensar claramente, reaccionar rápido y asentar la memoria. Es más, los procesos del cerebro que nos ayuda a aprender y recordar son especialmente activos cuando dormimos.

Escatimar el sueño tiene el precio. Restar tan solo una hora de sueño puede hacer que sea difícil concentrarse al otro día y enlentecer el tiempo de respuesta. Los estudios indican que la falta de sueño hace que tomemos malas decisiones y asumamos riesgos innecesarios. Esto puede dar paso a un bajo rendimiento en el trabajo o escuela y más riesgo de sufrir accidentes de tráfico.

El sueño afecta el estado de ánimo, si no dormimos lo suficiente estaremos más irritables y esto afecta el comportamiento y las relaciones. La gente con falta crónica de sueño tiene más probabilidades de deprimirse.

Dormir es importante para la salud. Los estudios demuestran que no se puede dormir o mala calidad de sueño. Aumenta el riesgo de hipertensión, enfermedades cardiacas y otras enfermedades.

Durante el sueño el cuerpo lleva a determinadas hormonas, por ejemplo, dormir profundamente libera la hormona de crecimiento, otros tipos de hormonas se liberan al dormir para ayudar a combatir las infecciones, por eso dormir bien ayuda a evitar enfermedades y mantenerse saludable.

Asimismo, se liberan en el sueño hormonas que afectan el uso que el cuerpo hace de la energía, así la gente que duerme menos es más propensa a ser obesa, padecer diabetes o preferir alimentos ricos en carbohidratos o calorías.

Entra en el papel

En un segundo, tu lenguaje corporal puede demostrar confianza en ti mismo, o bien, gritar que eres inseguro. Preséntate de una manera que refleje que estás listo para tomar el control de cualquier situación. Si demuestras seguridad y te crees el papel que aspiras conseguir, no sólo te sentirás en control: la gente también tendrá **mucho más confianza en ti.**

Mantén la cabeza en alto, siéntate derecho, echa suavemente tus hombros hacia atrás para alinear tu columna y mira directamente a la otra persona al interactuar. Da un apretón de manos firme y mantén contacto visual cuando alguien te hable.

Cómo vestir para cada ocasión

Cuando te ves mejor, te sientes mejor. Si eliges ropa y accesorios que te queden bien, se adaptan a la industria y al estilo de vida que hacen que te sientas bien. la autoestima se eleva automáticamente, presenta actuando el sol que pretendes jugar o en otras palabras te vistes para sentirte bien contigo mismo, para la autoconfianza. No temas en la personalidad, una pieza de joyería o un lazo colorido para iniciar una buena conversación.

En estudios recientes revelan que la ropa que nos ponemos tiene efecto sobre los niveles de desempeño, confianza en uno mismo e incluso las habilidades para negociar.

Un atuendo formal y bien hecho refuerza la confianza y mejora notablemente el desempeño mental y físico.

Todo el mundo se viste para ocasión o eso cree. Si vistes bien eres seguro de ti mismo, la gente a lo mejor te presta atención su presentas la imagen en una reunión como si acabaras de pararte de la cama.

Viste adecuadamente, sin duda proyectas una imagen de respeto y mejora la autoconfianza. De acuerdo con estudios, vestir de forma adecuada y acorde al puesto que desempeña ayuda a la creatividad y a tener pensamientos y visiones amplias.

¿Por qué prestar atención a la ropa que te pones acorde a la ocasión?

Solo hay una primera impresión. según el proverbio, la primera impresión es la última impresión. La primera tiene un peso importante a la hora de crear opiniones sobre los otros. la ropa que escogemos dice mucho sobre cómo somos antes de que hablemos.

La autoestima mejora, porque con la vestimenta adecuada, nos podemos expresar y somos capaces de asumir responsabilidades. Además, se viste un traje o una americana tiene una influencia clara en la autoconfianza porque sentimos más seguridad.

Hay que captar la atención, si la quieres captar, es básico comprender y practicar el arte de vestirse correctamente. Cuando vestimos de forma apropiada para cada ocasiones, se tiene lugar a una gran transformación. Sentimos seguridad y transmitimos positividad a los demás en el entorno. Logramos captar inmediatamente la atención a las palabras.

La productividad laboral se potencia, la ropa puede tener un impacto inmenso en lo que trabajamos. Una vestimenta poco apropiada desciende mucho la autoconfianza y nos debilita. La ropa adecuada motiva, nos ayuda a concentrarnos en las cosas que hacemos.

Si estás a gusto con la ropa que te pones, transmites buenas vibraciones a los interlocutores y facilitas que le presten atención y que escuchen el mensaje.

Habla con firmeza

Cuando escuches a ese orador favorito, analiza la forma en la que da el discurso. Un orador habla con confianza, en un tono rítmico, constante, en vez de usar muletillas como Eh… mmmm que afectan el flujo. Usa pausas para enfatizar ideas.

Tienes que adoptar un modo asertivo, no agresivo que sea indicador de la seguridad. Vas a sentir cómo la autoestima comienza a subir. Para ser tomado en serio tienes que evitar hablar con todos agudos o nerviosos o incorporar risitas nerviosas en el discurso. La gente te va a escuchar con más atención cuando veas al líder que sale de ti.

Entonces, ¿cómo adquirir esta seguridad? ¿Qué se puede hacer para despertar confianza en otros? ten presenta estos aspectos para que te ayudes con ello y tener una mejor confianza al hablar.

Debes exponer las opiniones con convicción

Antes de que hables es importante que estés seguro de creer en lo que dices. Es fundamental que no seas arrogante al expresar las ideas, sino mostrarte ante los otros como alguien que cree totalmente en lo que dice. Alguien que pretende hacer a los otros participes de las ideas. Por lo tanto, no puedes mostrar actitudes de necesidad o aprobación o validación, sino de convicción.

El contacto visual

El contacto visual es el primer paso, es una muestra de buena educación hacia los otros. por otro lado, nos permite que los demás escuchen lo que decimos con más cuidado y se sumerjan en el discurso.

Asimismo, se consigue expresar el mensaje con más claridad y se aumenta la confianza. Mirar al cielo o al techo, o hacia nadie en concreto, hará que nos sintamos más inseguros y el resto de personas lo podrá percibir.

Esto no quiere decir que centremos la atención hacia una sola persona, porque, además de ser incómodo para ella, puede llegar a hacer que nos distraigamos. Es por eso, una buena práctica puede alternar entre unas personas y otras, cada dos o tres segundos, mirando siempre a los ojos de todos ellos.

No te debes preocupar si notas que alginas personas se muestran confundidas o preocupadas, porque esto puede hacer flaquear la confianza. Finalmente, en el caso de hablar para un elevado número de personas, la dificultar del contacto visual hace que lo más sugerido es que nos centremos solo en ver un grupo de personas del público.

Reconocer el valor propio

Más ala de las muestras de confianza para las otras personas, el hablar con seguridad es parte de un profundo amor hacia nosotros mismos, es por eso lo esencial de conocer las virtudes y ser consciente de ellas.

Sin embargo, debemos tomar esto con cuidado, porque la vanidad y la arrogancia irán en nuestra contra. Una buena práctica puede elogiarnos a diario, lo que hará que aumentemos la confianza. Así la autoconfianza puede ser transferida al discurso y rápidamente se percibe por los otros. para eso tenemos que centrarnos en cosas que haces bien o que te gustan de ti y las elogias por encima de lo que veas como defectos.

Visualiza el éxito

A medida que se escribe, planifica y practica el discurso, hay que ver el éxito e imaginar hablar con una voz segura ante los otros que escuchan. Piensa en personas que te aplauden y evita imaginar posibles problemas y centrar la atención en lo que pueda salir mal.

Esto no significa que se sea consciente de los imprevistos y que se tomen medidas para evitarlo, pero preocuparte excesivamente va en contra de la confianza personal y de la capacidad para hablar con seguridad.

Planifica el discurso

Una de las claves importantes a la hora de hablar en público es planificar lo que quieres decir. Por eso hay que tener un buen guion que haya practicado repetidamente y que hayas analizado hasta que logres mostrar las ideas de manera clara y sencilla.

Es importante que interactúes con el público y prestes atención al lenguaje corporal, de esta manera los demás nos verán como alguien animado y motivado con los que dice, en vez de percibirnos como aburrido y con una voz plana.

Para terminar, es importante que conozcas el lugar donde vas a hablar. Planifica los imprevistos y cuenta con las ayudas del entorno, para que aumentes la confianza y la buena recepción de nuestro discurso. Además, no se debe olvidar de llegar temprano a la cita, de manera que las prisas no nos hagan sentir nervios sin necesidad.

Conoce al público

Finalmente, conocer hacia quiénes te vas a dirigir puede servirte mucho a la hora de hacer un discurso y hablar con seguridad. Es importante saber de dónde vienen, las edades y el nivel de conocimientos generales sobre el tema. E este modo puedes adecuar el discurso a ellos para que el mensaje se perciba mejor.

Desarrolla una personalidad optimista

Es cierto que la vida no tiene momento agradables todo el tiempo, eso es engañarnos a nosotros mismos. Sin embargo, hay muchas razones por las cuales sonreír cada día y encarar la vida con mejor actitud. A lo mejor has escuchado el refrán que dice que al mal tiempo buena cara, pues bien, pocas frases representan tan claramente lo que es ser optimista.

La mentalidad positiva y el optimismo aumenta el bienestar psicológico y físico y causan una mayor sensación de felicidad. Las investigaciones afirman que las personas optimistas tienen menos probabilidades de padecer enfermedades del corazón. Ser optimista es la mejor actitud que puedes adoptar, porque, aunque la vida no es perfecta, siempre es bueno afrontarla con positividad y con realismo.

Las características de los optimistas

Hay algunos individuos que aparentan ser optimistas, pero no lo son. La persona optimista es sincera consigo mismo, de lo contrario sería un falso optimista.

Qué es lo que caracteriza a las personas auténticamente optimistas. ¿Qué les hace diferente a los otros? vas a ver las respuestas a estas preguntas.

No se compara con otros

Las personas optimistas no malgastan el tiempo intentar gustarles a otros ni preocuparse por lo que piensen otros. simplemente sigue el camino y procura mantenerse cerca de los tuyos, que es lo que realmente importa.

Son personas conscientes que conocen las virtudes y las limitaciones y saben que la actitud positiva tiene un impacto en la vida, por eso, no piensan en cómo le dan valor los otros, sino que procuran gastar el tiempo en complacer a quien realmente lo agradece.

Ve en los fracasos oportunidades para crecer

Hay algo que caracteriza a las personas optimistas y es la manera en la que afronta los problemas que se le dan en la vida. Si las personas pesimistas se lamentan constantemente por lo que no les ha sucedido. El optimista piensa que puede aprender de lo malo, es más, las situaciones adversas son las que le hacen crecer. El optimista es entusiasta por naturaleza y nada le hace perder de vista la actitud tan arrolladora.

Son sinceras consigo mismas

Ser optimista no es evitar los problemas y hacer ver como que no existen. En todo caso es afrontarlos con una actitud más adaptativa y eficiente. En vez de centrarse en el orgullo y mantenerlo intacto a toda costa. Las personas que son optimistas interpretan la realidad como un espacio donde se puede mejorar el presente, por eso la mentalidad es constructiva, no fundamental en quimeras. Hay creencias o valores elementales que son atractivos y deseables, quedarnos anclados en las ideas hace que nos adaptemos al mundo real y dejar para oportunidades.

El estado mental positivo puede hacer que los problemas se resuelvan. Por ejemplo, el optimismo favorece la actitud de reconciliación ante conflictos que puede suceder en el seno de la familia o la pareja.

Son realistas

Pues, ser optimista no es vivir en un mundo ajeno a problemas, esto es optimismo falso. El comportamiento puede parecer correcto a corto plazo, pero a la larga puede traer consecuencias más negativas de lo que podría ser el problema inicial.

Pues, una persona que es optimista no tiene por qué negar que en el mundo está repleto de problemas graves, de sufrimiento. Pero en vez de resignarse ante la idea, orienta el pensamiento a buscar maneras de solucionar esto. Ser optimista es ser realista.

Se valoran de manera positiva

Para poder tener una mentalidad optimista hay que valorarse positivamente. Esto quiere decir que las personas tienen una autoestima alta y gozan de un equilibrio emocional que permite que se afronten los retos diarios con las garantías máximas. Esto no significa que se consiga lo que se propongan, solo que no se rinden así por así ante la aparición de los primeros problemas solo por no creerse capaces de avanzar o construir algo.

Saben motivarse

Saberse motivar es una de las claves para seguir vivo en los momentos difíciles, porque la motivación permite que se mantengan en acción, aunque la situación no ayude. Las personas optimistas se motivan constantemente y buscan estrategias para mantener una mentalidad constructiva y que oriente a los objetivos.

Disfrutan el ahora

Las personas que son optimistas conectan consigo mismas y con el momento, es decir, con el aquí y el ahora. Esto ayuda al bienestar porque viven el momento y lo disfrutan totalmente. Saben que el pasado se ha vivido y el futuro viene en camino. En otras palabras, lo único que tiene sentidos para ellos es el ahora.

Luchan por lo que quieren

Vivir el ahora no significa que no se tengan objetivos y expectativas. Al contrario, son personas que conectan con los deseos más íntimos y luchan por lo que quieren. Se convencen de poder lograr lo que se proponen y son entusiastas y dan la vida por los sueños. Se convencen de que la confianza y el compromiso personal hace que consigan resultados.

Tienen mucha autoconfianza

Este tipo de personas están convencidas de que pueden lograr lo que se propongan y porque creen en sí mismos y en lo que pueden hacer. Esto es lo que se conoce como tener autoconfianza y es clave para afrontar las situaciones. Las personas que tienen autoconfianza son más propensas a ser exitosas. Son más optimistas cuando las cosas se ponen mal. Siempre piensan que saldrán adelante en las situaciones.

Pasan de las críticas

Las personas que son optimistas tienen poco tiempo para pensar en lo que los demás piensan de ellos. No tienen una buena valoración de sí mismos, es complicado que lo que los demás digan les afecte. Aprenden de las críticas constructivas, pero las maldadosas y con mala fe, les resbalan. Esto sucede porque contrario a lo que hacen las otras personas, saben poner en perspectiva las opiniones propias y saben que están sesgadas de una u otra forma.

Tienen control de la vida

Como se ha comentado, las personas optimistas gozan de mucha confianza, luchan por lo que desean, son capaces de motivarse incluso en los malos momentos, son realistas y se saben valorar. Esto les hace personas mentalmente fuertes, tienen control de la vida y una personalidad que engancha.

Da pasos que en otras circunstancias no harías

Tener confianza propia va más allá de la manera en la que te vistes y te presentas. Tienes que actuar como tal, te tienes que acercar a un completo extraño en un evento o aceptar un proyecto que normalmente podrías rechazar. Practica mostrarte seguro y pronto te vas a sentir como en tu propia piel.

La falta de acción genera dudas y miedo, mientras que la acción genera confianza y valor, como un ejercicio, puedes anotar las fortalezas y debilidades, muchas personas te van a decir que trabajes las debilidades, pero en vez de eso usa lo que tienes y saca provecho de los puntos fuertes. La confianza comienza a brillar por sí misma.

Mantente preparado

La planificación evita los malos resultados entre más te prepares más seguro te vas a sentir con la experiencia y el nivel de competitividad. El prepararte ayuda a evitar resbalarte por los baches de la vida que no esperas.

Aprende todo lo que puedas sobre la industria, el tema de conversación, las metas y lo que te arrastra al éxito. antes de que comiences una tarea, imagina cómo quieres sentirte cuando termines. No busques lograr mucho a la vez, divide las tareas complejas, en fragmentos más manejables y pequeños.

Como dijera en algún momento el general estadounidense Creighton Abrams Williams Jr.: "Si vas a comerte un elefante, toma un bocado a la vez".

Si gozas de paciencia, perseverancia, una persona más confiada se encontrará a pasos de distancia.

LA MOTIVACIÓN ES EL MEJOR COMBUSTIBLE PARA ALCANZAR LAS METAS

Como ya hemos venido viendo, la motivación dispara el talento en las personas. De algún modo todos trabajamos con personas, necesitamos colaborar con los otros. Dependemos de otros para lograr las metas. Estamos involucrados en facilitar el aprendizaje o desarrollo de otras personas. Por tanto, todos necesitamos saber trabajar la motivación, de eso depende gran parte de los resultados.

Aunque la motivación es personal, cada persona tiene estilos motivacionales diferentes, hay siete pasos que no puedes saltarte a la hora de trabajar con personas, si quieres que estén en un estado motivacional óptimo.

Despierta emociones

El que se ponga en marcha la amígdala, que es el radar emocional, que es cuando se capta el mensaje y las señales. Los estímulos tienen componentes emocionales, se activan, se prenden, las estrategias que se pueden usar activan las emociones y se inicia el proceso motivacional que puede despertar la curiosidad. Usar el efecto sorpresa sirve para generar entusiasmo, alegría. Por ejemplo, el ver un video que mueva las emociones, comenzando con una pregunta que provoque

que genere debate o que invite a reflexionar. Plantea acertijos, juego, incluso comenzando con una canción. La clave está en seducir, conectar con las personas con las que se trabaja.

Uno de los grandes retos como líderes actuales es mantener motivados a los demás, el tener la habilidad y la capacidad para ilusionar a las personas para que encuentren lo que quieren de forma natural.

El líder no control, sino que propicia situaciones por medio de un modo particular de hacer las cosas, pues, ayuda a las personas para que actúen por iniciativa propia. Un buen líder sabe hacer motivar a los que tiene alrededor.

Estas son las formas de mantener la motivación con los tuyos:

- Comprende de dónde viene la motivación, esta viene desde dentro, los buenos líderes hacen que las personas tengan motivación a sí mismas con el liderazgo.
- Sé la causa, no el efecto, los líderes actúan no como efecto sino como causa
- Es recomendable que pienses, las personas se sienten motivadas cuando piensan en cosas que les motiva. El pensamiento y no las circunstancias son las que deben reinar.
- El ego sano se tiene que alimentar, el tener confianza inspira lo mismo en las personas.
- No admitas limitaciones, se les tiene que mostrar a estas que son más capaces de lo que creen.
- Da el ejemplo, los líderes tienen que hacer, no sentir. La habilidad de motivar a la gente aumenta exponencialmente mientras que la reputación de hacedores crece.
- Debes darles poder a los otros, para que la gente se disponga a trabajar, los líderes tienen que eliminar el miedo a tomar decisiones.
- Crea una cultura de reconocimiento, las personas tienen que ser reconocidas hasta en lo más mínimo, esto les motiva a hacer cosas bien.

- Debata contigo mismo, cuestionar las ideas propias elevará el pensamiento a tu nivel.
- Lidera desde el frente, los líderes pueden ser grandes motivadores, si ellos son los primeros que hacen lo que quisieran que su gente hiciera.

Todo esto es importante, ten presente esa frase que dijo el inmortal escritor Mark Twain:

"Mantente alejado de aquellas personas que tratan de menospreciar tus ambiciones. Las personas pequeñas siempre lo hacen, pero los verdaderamente grandes hacen sentirte que tú también puedes ser grande".

Busca mantener el interés en lo que haces

Ahora estamos entrando en el cerebro más racional, porque para poder despertar el interés, la activación emocional es importante, pero para poderlo mantener hace falta que entren en juego otras variables. Las dos más importantes son que se comprenda, que haya entendimiento y creación de sentido y significado.

Mantener el interés exige de esfuerzo adicional, para poder comprometer el esfuerzo tenemos que ver los beneficios. Te tienes que hacer entender, comprender, de este modo los demás sabrán claramente lo que le pides y cuentas, lo que quieres transmitir. Si no te entienden se van a desconectar. Si pasas el primer filtro de entendimiento aún queda otro más, el del significado, las personas tienen que percibir la conexión de lo que le estás planteando o transmitiendo con la vida, los deseos, intereses, objetivos y motivos. Si lo que pides hacerles a otros o lo que propones no llega a ellos, vas a perder la atención e interés en ellos.

A menos que tengas el poder para adivinar, la única forma en la que puedes triunfar en este paso es que preguntes, para que conozcas lo que saben, eso que desean del tema o tarea los otros, con conocimiento previo. La manera en la que impacta en tu vida, para que lo que transmites diseñas o ejecutas se pueda comprender. La mejor herramienta es una buena conversación, donde el objetivo sea conocer al otro, saber lo que es importante y de qué parte. Partiendo de allí puede trabajar con él, como los test, las entrevistas, tormenta de ideas que se usan. Pero lo que más gusta sin duda es lo que se llama conversación inteligente que se enfoca a:

- Diagnosticar el estado en el que están, la situación de partida.
- Conocer los objetivos que tienen o las necesidades para satisfacer.
- Descubrir los disparadores emocionales.

Ponte retos

En muchas ocasiones es el miedo el que nos priva para avanzar, conseguir las metas y poder llegar a los sueños. Un miedo que nos creamos nosotros y que muchas veces no tienen sentido. El 90% de los miedos son por cosas que no pasarán jamás. Todos somos más fuertes de lo que creemos, tanto a nivel físico como mental. Dentro de nosotros hay una fortaleza que tenemos que aprovechar, hay que creer en nosotros mismos y enfrentar retos con creencia y predisposición.

Si una persona conoce el valor que tiene y al sitio al que puede llegar, no tiene preocupaciones por lo que digan los otros. hay que afrontar los retos con optimismo, con visión positiva, pensando que todo va a ir bien y que conseguirlo solo será cuestión de tiempo. A lo mejor le costará un poco más, pero solo es que se tiene que esforzar

Dentro tenemos una gran fortaleza que tenemos que aprovechar, debemos creer en nosotros mismos y enfrentar los retos que nos pongamos con la creencia y la predisposición. Si una persona conoce lo que vale y hasta dónde es capaz de llegar, no tiene nada de qué preocuparse por lo que piensen los otros. hay que afrontar los retos desde una mirada optimista, con visiones positivas y pensando en que todo marchará bien y que lo lograrás en poco tiempo. A lo mejor te costará un poco más. Eso solo significa que te tienes que esforzar más para lograrlo. Si en un primer momento no lo logras, puede ser para que sigas aprendiendo y luchando. No olvides que además de la constancia y la paciencia, lograrás triunfar si crees en ti mismo y si nunca dejas de luchar. Cree en ti, eres inmenso, una grandeza que llegará a donde quieras.

Si quieres crear, primero tienes que creer, para que se cumpla un sueño primero tienes que soñarlo, pon todo de tu parte para que tengas lo que te propongas. Las cosas, además de pensarlas se tienen que hacer, hay que hacer que ocurran. No dejes el destino en manos de la suerte, a lo largo de la vida se ha conocido a muchas personas que dejan todo el peso del destino en manos de la suerte. A lo mejor es una manera de quitarse responsabilidades o escondes y darle forma a lo que temémos.

En la vida siempre tenemos contratiempos, tenemos traspiés o tropezones, hay épocas que son más doradas que otras, pero tenemos que centrarnos en qué hacemos y cómo lo afrontamos nos centramos solo en lo que no tenemos, hay que tener confianza, ser positivo, tener deseos de trabajar para crecer.

Poco a poco con la constancia seremos mejores en lo que hacemos, porque los retos nos ayudan a crecer, a tomar mejores retos y tener éxito.

Ponte en acción

Actuar no es fácil, aunque tengas cosas claras. Sabes lo que quieres y cuándo lo quieres, pero no decides dar el paso a la acción. Es que, pensar en hacer algo es una cosa, pero ponerse a hacer es distinto. Requiere de alfo más, que es ponerse en acción de una vez por todas.

Si quieres lograr el éxito y no sabes por dónde comenzar, tienes que hacer un plan de acción, pero antes de ello con los propios recursos lo puedes hacer.

Hay pasos clave para que lo hagas sin que te cueste.

Comienza pensando bien

Pensar en positivo es importante, ya eso lo tienes claro, porque el pensamiento también es acción, piensas y después existes. Cuando piensas en lo que quieres conseguir, o en lo que quieres hacer y en la forma en la que lo vas a hacer, estás tomando acciones. Pensar es la primera parte, la segunda es la actitud.

Te tienes que hacer fácil el camino

Si tiendes a tirar piedras delante, a veces lo haces creyendo que si algo no es difícil entonces es porque se te irá rápido de las manos. Puede ser para nosotros, pero esta no es una realidad. Creer que es fácil puede implicar que lo sea de verdad, toma la decisión de ponértelo fácil, de usar y llevar contigo herramientas para hacerte el camino sencillo y cómodo para ti.

Deja de hacer conjeturas

La imaginación exagera las dificultades y después resulta que no era para tanto, a lo mejor te equivocas al pensar que quien quiere algo, le cuesta algo. Esta creencia es el primer obstáculo que necesitas superar, por eso, mientras antes comiences a actuar antes te vas a dar cuenta de la gran imaginación que tienes. Tanto para idear lo bueno como para exagerar lo que es malo.

Aprende a dar el primer paso

Un camino de mil millas comienza dando solo un paso. Te has acostumbrado a decir lo que te gustaría hacer, pero no intentas hacerlo. Esto es algo sumamente común. A veces no estamos acostumbrados a caminar por nosotros mismos, sino que nos arrastra la inercia o por los pasos a nuestro alrededor. Ya lo sabes, la única cosa que te impide caminar a donde quieres ir es la falta de práctica, como todo en la vida, se logra caminando.

Disfruta mientras actúas

Como en el poema Ítaca, de Kavafis, el viaje tiene mucho valor, no solo el destino. Si lo pasas bien si te diviertes, si disfrutas los pasos, y las acciones. Va a ser más fácil actuar la próxima vez.

Ten planes de acción

Si quieres resultados diferentes, toca actuar diferente. ¿Qué te falta para actuar? ¿Qué es lo que tienes que hacer? ¿Cuáles son los pasos que debes dar? El plan de acción hace que todo sea mejor y si te motivas a ponerte en acción, podrás ver todo completamente diferente.

Sé consciente del progreso

Tienes que saber que, sin satisfacción, recompensa o placer, la motivación se va al caño. Por eso es que es importante que la persona sea consciente de lo que logra, de los progresos, los avances, mejoras, conquistas y aprendizajes que va logrando en el camino. Es importante que vea que avanza gracias a los trabajos, esfuerzos, acciones, que les reconozca y que se deleite.

Este proceso permite que se consolide el aprendizaje y se traspase la información en el corto plazo, las experiencias de la acción a la memoria del corto plazo. Este es un puente que se logra si hay un aprendizaje significativo en donde se implique la emoción, la satisfacción, el orgullo por el logro y el progreso.

Puedes tener un diario de logros, donde anotes lo que vas consiguiendo, así sean logros muy pequeños.

Ten consciencia de los aprendizajes

Además de que te hace consciente de los logros, es clave que la persona conecte con lo que logra con las habilidades, las acciones, capacidades, esfuerzos, etc. Que vea el aporte al logro para que se adueñe de él y para que saque aprendizajes.

Por eso tienes que conectar el comportamiento con el resultado, con el valor de las capacidades y la contribución al logro.

Aprovecha la dimensión de los aprendizajes

Las personas además de la sensación de autonomía y competencia, tiene que experimentar la dimensión social, tener relaciones significativas, aprender con otros y de otros. ampliar el aprendizaje, darle dimensión social, conseguir la riqueza.

Seguramente te has puesto a hacer un curso porque el amigo va a hacerlo. seguramente no valora al momento de hacer el curso la posibilidad de conocer a otras personas.

La vida es una escuela, solo tenemos que ver alrededor para encontrar modelos y aprender, tener oportunidades para hacerlo.

Si trabajas con otros, no olvides la dimensión de esto y hazlo fácil por medio de grupos de trabajo, con dinámicas de grupo, mentorías, cambia experiencias con ellos, cosas que hagan en común.

Si quieres descubrir lo que pasa cuando trabajas en buscar la motivación, pues sucede que te pones en acción a alcanzar lo que quieres y sueñas.

Divide las metas en pequeños logros

Una gran meta se puede dividir en pequeños objetivos que sean alcanzables, no es nada del otro mundo si sigues los pasos correctos, así que vamos a ver en este apartado cómo se pueden lograr las metas sin importar el tamaño de estas.

Soñar en grande puede ser algo abrumador, especialmente cuando no se sabe exactamente cuál es el primer paso que se tiene que dar para comenzar a hacer realidad los sueños locos que andan rondando y haciendo ruido en la cabeza.

Puede que al inicio la idea genial que pasa por la mente es algo que llene de mucha energía e inspiración, se comienza a imaginar lo increíble que sería el resultado final y hasta se hacen castillos en el aire.

Te puedes imaginar escalando la montaña más escarpada para lograr las cosas y todo sin haber comenzado con un plan de acción para hacer realidad el proyecto. De cualquier modo, es normal fantasear de esa manera, una cosa es que se sueñe en grande y otra ejecutar la gran meta.

Así que, si quieres evitar que los sueños mueran incluso antes de haber nacido, es vital que definas con claridad cómo es que lograrás lo que te propones.

Para ello es necesario que se tenta una estrategia que guie el plan de acción. Eso sí, antes de entrar en materia de estrategias y planes tienes que visualizar con lujo de detalles la meta.

Tienes que crear el plan de acción para que dividas la meta en objetivos específicos y alcanzables.

Una buena meta que te ayude a lograr las cosas es que lo dejes por escrito, así despejas las dudas y miedo sobre las metas sobre el papel, llega la hora de que comiences a crear el plan de acción, para hacerlo lo tienes que seguir en estos pasos:

Divide la meta en secciones

La idea de esto es que fragmentes la duración del proyecto en pequeños plazos de tiempo, primero define que el proyecto va a durar por ejemplo un año, cuando lo ves en perspectiva eso es mucho tiempo, de entrada, ya sientes que es una meta que cansa, que es inalcanzable.

Para comenzar, en vez de enfocarte en ese año, lo puedes dividir por etapas mensuales.

Aunque eso no es todo, puedes hacer más divisiones de la meta mensual, dividirlo por semanas, y las semanas las trabajas para que las dividas por días y los días lo haces por pequeños logros. Así, todas esas metas pequeñitas con sus logros por alcanzarlas, te acercan poco a poco a la gran meta.

Un día a la vez

Puede que cuando comiences pienses que la meta que te pusiste es demasiado difícil y lejana. Entonces allí cuando eso te suceda tienes que aplicar a la herramienta mágica que tienes en la cabeza, en tu mente y es la de mantenerte en contacto con la voz interior.

Así evitas el autosabotaje que puedas experimentar en las primeras semanas. Si por alguna razón sientes que estás a punto de tirar la toalla y dejar de lado la meta, te detienes y no vas tan rápido.

Trabaja por bloques de tiempo

Como la idea es ir de lo general, o sea con la meta, a lo específico de un día a la vez, cuando llega el día X necesitas enfocar el tiempo y la energía en las prioridades del ahora, que se alinean con lo que quieres lograr.

El consejo es que trabajes con las prioridades del día en bloques de tiempo. La idea es que dediques más tiempo a las actividades o las tareas que contribuyen a los propósitos.

Dicho de otro modo, es que decides intencionalmente cómo es que usarás el tiempo y la energía.

La idea es que hagas el trabajo más significativo cuando los niveles de energía van al máximo. Esto garantiza que seas más productivo y crees un producto o servicio de calidad si es eso en lo que andas.

Llegados a este punto es probable que encuentres distracciones en el camino. Si es el caso lo recomendable es que evites distracciones para aumentar la productividad.

Ideas para que definas los objetivos específicos y alcanzables

Para poder lograr los sueños más ambiciosos tienes que crear una estrategia que te ayude a dividir la meta en pequeños objetivos alcanzables y específicos. Para hacerlo tienes que considerar poner en marcha los consejos estos:

- Divide la meta en secciones.
- Fomenta la consistencia un día a la vez
- Trabaja en bloques de tiempo.

De este modo crearás un esquema de trabajo eficiente que fomente la confianza en ti mismo y la capacidad para lograr las metas. No te des por vencido

Para concluir, esto es lo que necesitas para cumplir las metas:

El alcanzar una meta personal exige que se venzan los obstáculos internos y externos que impiden la falta de conocimientos, habilidades autoestima, motivación, compromiso, miedo a fracasar y autoconocimiento.

Determina el camino

Las metas en la vida son como luces que iluminan el camino y en las noches son los faros que guían el barco para que no se estrelle contra los riscos.

Te pregunto:

¿Quién elige las metas?

¿Cómo vas caminando por la vida?

¿Tienes claro hacia dónde te diriges?

¿A qué lugar te quieres dirigir?

¿ solo vas por el camino que marca la sociedad en la que andas, reaccionas y actúas acorde a lo que se te presenta?

Las metas marcan el lugar al que quieres llegar. Lo que quieres obtener, la meta que no has logrado, por tanto, hay que trabajar para hacerlo. cuando se tienen metas, nos sentimos llenos de energía, con optimismo y esperanza.

El modo de lograr las metas:

Para poder lograr las metas necesitas:

Tener motivación:

Es la energía que sale del interior. Se basa en los deseos y los valores más importantes.

Compromiso

Es la disposición a pagar el precio para lograr las metas. Se ve en la conducta y en el trabajo que se dedica.

Adaptación y flexibilidad

El mundo va cambiando constantemente y no tenemos control en la conducta y los sentimientos de la gente alrededor. Es por eso que cuando surgen imprevistos no son como se creía, hay que tener la capacidad para hacer cambios que sean necesarios.

Autocontrol emocional

Las emociones son necesarias y parte de nosotros, pero es necesario distinguir cuando hay que controlarlas, para actuar acorde a la razón.

Organización

No podemos hacer muchas cosas a la vez ni tenemos el tiempo ilimitado, por eso hay que llevar un orden en la conducta y establecer la prioridades necesarias.

Pasos para tener éxito cuando se ponen las metas

Te debes preguntar qué es lo que quieres para lograr las metas, tienes que distinguir entre las necesidades que tienes y las planteadas por la cultura o gente alrededor.

Debes reconocer las necesidades de otros, pero reconocerlas y respetarlas no quiere decir que tienes que hacerlas tuyas.

Muchas veces sabes lo que no quieres, pero no siempre sabes lo que sí quieres. Pero se puede averiguar.

Te tienes que preguntar ¿por qué o para qué lo quieres?

¿En qué te perjudica ahora el no tener o hacer?

¿En qué cambia la vida, persona, relación, cuando logres la meta?

Cuando respondas esto recuerda que tienes que ser realista en la meta y en los beneficios.

Fortalece la confianza

Para que puedas tener éxito es necesario que tengas fe en ti mismo y confíes en lo que puedes lograr. Piensa en todas las veces que has logrado lo propuesto, aunque creas que son logros que no valen la pena. No los califiques de acuerdo a la importancia o magnitud. Considera solo una muestra de que sí hay cosas que puedes lograr y por lo tanto lo que no sabes o no has podido lo puedes aprender.

Escribe esto para que lo recuerdes, cuando sientas que falta motivación o cometas errores.

Debes hacer la frase de que, si no lo has logrado, puedes aprender a hacerlo. si has intentado hacer algo varias veces sin éxito, a lo mejor necesitas hacerlo de manera distinta o con ayuda.

Ten un compromiso contigo mismo

Describe las consecuencias positivas que vas a obtener y lo que necesitas para lograrlo. Te debes preguntar si vale la pena ese esfuerzo, si no tienes la disposición, la mente no es realmente nuestra o se basa en algo en lo que no crees o no deseas con el corazón.

Ponte metas que te motiven. Que el corazón y la mente se involucren.

Acepta las responsabilidades

Para que puedas tener éxito en las metas y en la vida tienes que reconocer que una buena parte de lo que sucede es el resultado de las acciones las conductas. Cando no aceptas y culpas a otros, a la vida, la suerte, no resuelves los problemas y te sientes víctima, incapaz y vulnerable. Esta es una actitud que bloquea o lleva a que se tomen malas decisiones.

El reconocer que se cometen errores es un acto de valor y honestidad, da la posibilidad de corregir y aprender.

Negarlo no elimina el error, solo la aumenta.

Somos humanos y falibles, recuérdalo

No somos ni vamos a ser perfectos, siempre podemos mejorar, siempre podemos aceptar las responsabilidades.

Escribe la meta

Cuando no escribes la meta, se puede quedar como una fantasía, cuando la escribes puedes ver los objetivos con más claridad y puedes comprometerte contigo mismo. Si la escribes con claridad, puedes ver los logros y lo que necesitas para llegar a la final.

Es bueno que las escribas en forma positiva, lo que si harás y lo que no quieres dejar de hacer.

Es mejor que digas que vas a organizar el tiempo, que dirás que ya no vas a ser impuntual.

La manera de hablar y de pensar incluye en la programación del subconsciente.

La debes analizar.

¿Depende de ti?

¿Se puede alcanzar?

¿Se plantea acorde a las características de una meta bien planteada?

La debes expresar en voz alta cada día, cuando te pares y cuando te acuestes. Entre más veces la recuerdes y expreses, más cerca vas a estar.

Es importante que pongas en algunos lugares alguna frase, adorno, dibujo, que la recuerde constantemente.

Esto no solo ayuda a recordar, sino que el subconsciente trabaja en ella.

Pregunta con frecuencia:

¿Eso que hago me ayuda a alcanzar la meta?

Si no es así, entonces revisa la meta y el plan de acción.

Analiza la situación actual:

Necesitas saber el punto de partida para que sepas a dónde ir y cómo hacerlo, no es lo mismo que llegues a Lima que llegues a Madrid o a Canadá.

Divide la meta en pequeñas metas a corto y a mediano plazo y en pequeños pasos que te lleven hasta la meta final. Por ejemplo, si quieres compartir más con una persona, puedes decir:

Le hablaré por teléfono, una vez al mes o a la semana planea una mañana o un par de horas para que hagan algo juntos. Para dentro de seis meses o fin de año, planea lo necesario para irte de vacaciones

Esto es algo que se aplica a cualquier tipo de meta, de negocios, personales, salud, aunque el tiempo y las actividades puede variar, acorde a las necesidades y metas. Si es una meta que incluye a otra persona tienes que tomar en cuenta los deseos, necesidades y tiempos.

Pon una fecha límite, para que llegues a esa meta final y las fechas intermedias para ir checando los progresos y corregir si hace falta. Cuando no hay un plazo, vas dejando las cosas para después y no las haces. Cuando dices que quisiera algún día yo... en el futuro hare...

No se actúa.

Poner una fecha te obliga.

Una de las principales diferencias entre un sueño y una meta es que esta tiene fecha de cumplimiento.

Analiza los posibles obstáculos

Mira los tiempos, la falta de información, los malos hábitos o conocimientos, las situaciones específicas. Una situación nueva puede generar angustia. Recuerda que la angustia es pasajera.

Mientras vas avanzando en los logros vas a sentir más confianza y satisfacción. Todo principio es difícil hasta que aprendes. Otras áreas de la vida y las emociones pueden también causar obstáculos en las metas.

No olvides que la vida se compone por diferentes situaciones, personas y actividades y no puedes permitir que estas se interpongan en los objetivos. No permitas que las metas te hagan olvidar las personas y las actividades en la vida. Aprende a dar tiempo a cada situación o relación importante.

Otro obstáculo es que te enfoques en el problema y te quedes allí, enfocarte en la solución y en cómo llegar a ella.

Debes identificar las habilidades y los conocimientos que necesitas para que venzas los obstáculos y logres las metas. Los recurso materiales, el apoyo emocional, la información y la ayuda de otros.

Cuáles son los puntos fuertes, o habilidades que te pueden ayudar.

¿Necesitas ayuda?

¿De quién?

La ayude que necesites la tienes que pedir, aprende lo que tengas que aprender o búscalo en otras personas. Recuerda que es imposible que sepas todo y que seas experto en todo.

Desarrolla planes de acción, detallados y claros. Tienes que hacer un primer esbozo y ponle o quítale lo que tengas que quitarle, a medida que vas trabajando en él.

Visualiza los resultados constantemente

Te tienes que relajar e imaginar haciendo las cosas que son el resultado de haber obtenido la meta y disfrutar de lo logrado. Velo en la imaginación con todos los detalles posibles. Piensa e imagina en cómo te vas a sentir. Mientras más lo hagas más fácil te va a ser. Esta es una forma de facilitar el trabajo del cerebro. Te tienes que enfocar en lo bueno.

Si al inicio te cuesta mucho relajarte o visualizar, recurre a una persona con experiencia que te ayude.

De preferencia una persona que lo haga profesionalmente.

Comparte la meta con alguien importante para ti

Hacerlo te ayuda a comprometerte y te da la oportunidad de tener una persona que te ayude. Cuando lo necesitas o te escucha cuando quieres expresar los sentimientos. Pero es importante que escojas la persona correcta. Alguien que tenga interés en ti.

Una persona que no te critique, se burle, te ataque, aunque sí puede expresar un desacuerdo sobre algunas conductas.

Revisa la meta constantemente para que evalúes y reconozcas los avances y corrijas cuando toque.

A medida que vas trabajando en la meta esta puede ir cambiando o te puede dar cuenta de los pasos que pensabas dar, y que no son los más adecuados. Corrige las veces que toque.

Corregir no es fracasar, significa que aprendes algo nuevo, que cambias las necesidades, las expectativas y el modo en el que piensas o percibes. Aprovecha los conocimientos.

Reconoce en voz alta los logros, así sean pequeños. No importa el tamaño o la importancia de los logros o avances. Estos no son valiosos por cuánto avanzamos sino por lo que acerca a la meta y porque demuestra el esfuerzo y deseo de logro.

Haz por lo menos una acción al día

Incluso cuando la meta sea a largo plazo, todos los días puedes hacer algo, recuerda el propósito o los planes, reconocer los logros, revisa los planes, visualiza el éxito.

Recuerda que el futuro es el resultado de cada instante de ahora que es el que realmente puedes vivir.

Comienza ahora. Recuerda que lograr una meta elegida por ti después de un buen análisis, puede darte más beneficios de los esperados y repercutir en la autoestima.

ASÍ ES EL ENTRENAMIENTO DE LOS NAVY SEAL

SEAL son las siglas para sea, earth, air. Actualmente destaca la unidad seis, que es la encargada de haber capturado a Osama Bin Laden. Un ejemplo de lo que ellos son capaces de hacer por la disciplina y preparación que tienen se puede ver en la película de Tom Hank, llamada Capitán Phillips, donde un equipo de francotiradores rescatan un barco en Somalia. Esos fueron los SEALs.

En el mundo del deporte el ejercicio físico típico, sea culturismo, levantamiento de pesas, nadar, correr e incluso el crossfit, son metas finitas, lineales. Se pueden definir antes de tiempo y luego trabajar para lograrlos. En el campo de la batalla o en combate hay metas infinitas y potenciales, todo es multidireccional, caótico y aleatorio.

Hay que pasar por muchos obstáculos o entornos para poder seguirlos. Se puede enfrentar en una pelea un minuto, luego correr la siguiente, pelear de nuevo correr y luego pelear, por lo que se tiene que tener una condición aeróbica y anaeróbica al mismo tiempo.

El combate mano a mano forma parte del calendario de entrenamiento previo al despliegue de los Navy SEAL. Los elementos clave no cambian nunca. Sé violento, golpea primero, golpea fuerte, golpea repetidamente, mantente en pie y sal del objetivo lo antes posible. Somos realistas, sabemos que la mayoría de las peleas terminan en el suelo, lo que lleva que golpear primero, duro y muchas veces es importante. No hace falta decir que nos entrenamos para el peor de los casos, donde se incluye combate similar.

Entrenamiento de velocidad

Boxeo de sombra con puños ponderados, por ejemplo, con s guantes de boxeo de veinte onzas.

Rondas de tres repeticiones, con dos minutos de trabajo y treinta segundos de descanso.

Huelgas con bandas elásticas, con rondas de tres repeticiones, treinta segundos de trabajo y 15 segundos de descanso.

Pushups, hechos en conjuntos en pirámide, con una repetición, descanso, lego dos repeticiones, descansas y así diez repeticiones. Luego desciendes del conjunto con 10 repeticiones.

Combate de poder

El poder es lo que hace que los ataques sean devastadores, la técnica es instrumental para que se pueda generar un golpe lleno de poder. el poder es el que rompe las crestas orbitarias inferiores, las cavidades del seno maxilar y claro, las mandíbulas. La potencia también depende en gran medida de la velocidad. El poder siempre depende en gran medida de la velocidad. El poder siempre se genera desde cero, sea porque estés de espalda, de rodillas o pies. Que están bien anclados a la tierra y determina cuánta energía puedes generar. El núcleo es vital para que se aprovechen los anclajes, los pies, rodillas y espalda. Para que transfiera energía desde el núcleo a las extremidades para provocar el ataque.

Lucha contra la resistencia

Esto se hace con lucha usando ganchos alternos. Se hacen rondas de tres repeticiones, con tres minutos de trabajo y treinta segundos descansando.

También se hace un superconjunto de sentadillas y peso muerto, con rondas de veinte repeticiones, con 1-10-1 en pirámide.

Se hacen rotaciones extendidas, con 5 repeticiones, cuarenta en total a cada lado. con kneeling Kettlebell Woodchops de 5 repeticiones, llegando a 40 en total en cada lado.

En caso de que no puedas respirar luego de 30 segundos de esfuerzo máximo, entonces vas a perder la pelea, los sistemas de energía son importantes, más que la velocidad o la potencia. Si no puedes recorrer la distancia, entonces no vas a ganar la pelea. La resistencia muscular no es distinta, las piernas, el centro y la parte superior del cuerpo que deben complementar el corazón y los pulmones.

La organización en misiones

La organización deja ver cómo se sigue el modelo de SAS/SBS cuando crea los SEAL, aunque con el tiempo ha cambiado la estructura de acuerdo a los nuevos requerimientos, pero siempre buscando que cada sección pueda montar sus operaciones de modo autónomo.

Cada uno de los equipos está compuesto por seis pelotones y una unidad de mando.

Cada pelotón tiene 16 comandos SEAL, dos oficiales, un jefe y trece especialistas y se puede dividir en dos escuadras o cuatro elementos

Cada equipo SEAL cuenta con 27 oficiales y 156 hombres, contando para el combate con uno 96 miembros u operadores.

Por lo general cada equipo de SEAL se divide para el combate en pelotones o escuadras, compuestos por ocho miembros, aunque depende de la operación, los SEAL pueden operar desde parejas hasta el equipo entero. Siguiendo el modelo del SAS SBS cada miembro de patrulla es especialista, uno en demoliciones, otro en electrónica. Está el que es experto en navegación cartógrafo y un para sanitario.

La infiltración en territorios hostiles exige ser discreto, por eso los miembros pocos usan la comunicación, lo que hacen son gestos, acorde a las enseñanzas que aprendieron en Vietnam.

En el equipo los miembros suelen llevar equipos de visión nocturna, GPS, la visión nocturna es necesario porque muchas de las operaciones las hacen de noche. Un equipo de SEA normalmente va con un francotirador y con dos a cuatro ametralladoras ligeras de apoyo. Los demás miembros van armados con fusiles de asalto M4 o la variante que es la HK416. El fusil que usan en combate urbano es el MP5 porque emplea munición con menos alcance y capacidad penetradora que el M4. De este modo las balas no atraviesan las paredes pudiendo herir a otros del pelotón.

En los últimos tiempos los han ido cambiando por el MP7. Arma de mano al gusto de cada operador. La pueden modificar como quieran o a situaciones según armamento. La armada dota a cada uno con una pistola SIG- Sauer P226.

Las infiltraciones aéreas se hacen por medio de saltos HALO/HAHO, que requiere entrenamiento fuerte para poder lograr estos saltos de precisión que hagan que los ocho miembros caigan en un mismo punto. La infiltración desde el mar bien puede ser por medio de mini submarinos, buceando hasta la costa o aprovechando ríos por medio de un zodiac. Cundo hay situaciones en el desierto, los SEAL cuentan con un coche especial, que fue diseñado para llevar tres personas más un pasajero o combustible.

¿Cuánto dura el entrenamiento?

Los requerimientos para entrar al curso de selección SEAL son:

- El aspirante tiene que ser un varón militar activo de la marina de guerra de Estados Unidos o del servicio de Guardacostas.

- No puede haber cumplido 28 años a la fecha de comenzar el curso.

Los entrenamientos y el proceso de selección de los SEALs trata de llevar a los miembros hasta el límite físico y psicológico, en la selección del SEALs se lleva a los candidatos hasta el agotamiento social, psicológica y físicamente, pone a prueba lo que puede un hombre hacer en equipo bajo una presión mental intensa y dolor físico. La selección de los SEAL se engloba en la primera fase del curso de seis meses, y el momento cumbre del entrenamiento se da en la Semana del Infierno, cinco días donde los reclutas pasan por mucho frío, hambre, se les priva de dormir.

Es aquí donde el 90% de los aspirantes renuncian. Aunque muchos otros se retiran antes de llegar a la Semana del Infierno porque no resisten el entrenamiento, recorriendo las 15 millas en algunos días, nadando dos millas en aguas abiertas e intensas con pruebas físicas no aptas para muchos.

La duración en cada etapa del entrenamiento es así:

En la fase 1 que es el acondicionamiento básico, dura ocho semanas, se basa en la condición física, habilidades en el agua, trabajo en equipo y resistencia. Estas primeras tres semanas preparan para la cuarta, que es la Semana del Infierno. Las siguientes semanas van con métodos de reconocimiento acuático y navegación.

La segunda fase, la de buceo, dura ocho semanas, se entrena y califica a los candidatos en buceo de combate. Es un entrenamiento que no para y es cada día más intenso.

En la tercera fase es la guerra terrestre. Dura nueve semanas, está centrada en la orientación, tácticas de guerrilla, técnicas de patrulla, rápel, demolición y tiro. Las últimas tres semanas y media se pasan en la Isla de San Clemente, donde se aplican las técnicas aprendidas para completar el entrenamiento, en el cierre se entrenan tres semanas de paracaidismo.

Entre el momento en el que entran y el momento final donde se admite al voluntario para estar en los SEALs, pasa un año y medio entrenando, al que se le tiene que sumar un año más de entrenamiento para poder llegar al combate.

LOS SECRETOS PARA CONCENTRARSE DE LOS MARINES NAVY SEALS

Hace un tiempo el ex comandante de los Navy SEAL Mark Divine, publicó el libro Pensar como los mejores guerreros, donde describía cómo es que se preparaban y pensaba los miembros del cuerpo de operaciones de elite con más prestigio en el planeta: los Navy SEAL.

Divine, quien formó parte de este cuerpo por veinte años, actualmente se dedica a formar todo tipo de personas con los ocho principios del Método SEAL. En este capítulo se aborda, los secretos de los SEALS para poder concentrarse y dar lo mejor de sí en la batalla. Así es como ellos trabajan para forjar la mente y alcanzar la fortaleza interior, la resiliencia emocional y la intuición práctica.

Forjar la mente para alcanzar la fortaleza interior

Ellos forjan la mente para alcanzar la fortaleza interior, la resiliencia emocional y la intuición práctica. El entrenamiento se centra en la forja de la fortaleza mental, la capacidad de recuperarse emocionalmente y la intuición.

Son entrenamientos que combinan lo mencionado antes, con las artes marciales, con el yoga y con otros elementos para forjar la fuerza interior, inspirado en la disciplina del sector militar.

El liderazgo

Hay un liderazgo que se llama modelo de desarrollo integral, algo que se enseñó en SEALFIT por medio de un entrenamiento guerrero de las cinco montañas. Esta es un entrenamiento que representa el desarrollo de las competencias físicas, mentales emocionales e intuitivas.

La integración de las competencias da como resultado un crecimiento con más equilibrio de la persona. Pensar como los mejores guerreros es centrarse en lo mental, lo emocional y lo intuitivo. Sin embargo, este material puede y debe apoyar las exploraciones en los demás campos. Es bueno que se sigan para poder tener un mejor estilo de vida y unas convicciones más claras.

La exploración de la montaña física puede variar tanto que exige un trabajo completo, donde también se trabaja lo espiritual, se tienen que desarrollar de manera natural según el avance en el método de los SEAL, es un trabajo que trabaje todos los sentidos. Con esto podrá ser una persona con grandes, honor y humildad que gana con naturalidad el respeto de quienes sirve y dirige.

El liderazgo genuino tiene que surgir desde el corazón, con independencia del cargo empresarial o el poder que se tenga. Por tanto, se va a descubrir que el método se basa en el compromiso y en llegar a ser un compañero de equipo antes de entrar en el campo del liderazgo. Se centra en llegar a ser un compañero de equipo antes de adentrarse en el campo del liderazgo. Nunca asume roles de liderazgo como un fin en sí mismo.

Como último término se tiene que desarrollar lo que los japoneses llaman kokoro, que significa fundir el cuerpo y la mente en acción. Implica que estamos equilibrados y centrados, lo que nos permite operar en sincronía con el ser interior, con los otros y con la naturaleza. Cuando nos comprometemos con el desarrollo integral, nos guiamos por kokoro, somos conscientes plenos y poderosos.

El mundo está necesitado de líderes que dirijan desde la primera línea y estimulen desde la retaguardia, que aguanten y den pasos al frente, que arriesguen más para poder hacer respetar la integridad a todos los niveles, desde el personal, hasta el de equipo y empresas, es lo que se denomina un planteamiento de las tres esferas. Combinado con las destrezas, tácticas y estrategias de este trabajo.

Esta es una herramienta conceptual que aumenta en gran medida las posibilidades de vender la ética, y que es sostenible en el rápido y cambiante entorno empresarial actual. Con una perspectiva multidimensional nunca va a dejar de ofrecer ventaja ante quienes tienen un planteamiento estrecho y miope.

No hace falta organizaciones que adopten el concepto y apoyen a personas y equipos, aceptando los riesgos y los fracasos para fomentar el verdadero aprendizaje, que desarrolle carácter profundo por el verdadero líder que existe.

Este cambio es radical, donde actúa el pensamiento y la conducta. Sucede solamente por medio del desarrollo de un auténtico líder. Comienza contigo y con el compromiso por la excelencia personal. A medida que se siga el método al estilo SEAL se creará una mejor versión de ti mismo y también harás al mundo un lugar mejor.

Actuar y pensar como un SEAL es aspirar a un desarrollo completo, con un crecimiento total como persona y como guerrero. Aunque esto tenga un sabor militar, se considera que el término guerrero tiene un significado más amplio y alude a una persona que está comprometida con el dominio de sí mismo a todos los niveles que desarrolla el valor para dar un paso al frente y hacer lo que es correcto.

Todo esto mientras sirve a la familia, al equipo, a la comunidad y a la humanidad en el conjunto. Para poder alcanzar el éxito digno de los SEAL, tienes:

Que establecer un punto de mira para transformar el sentido profundo de los valores y que sean piedra angular que les mantendrá con los pies en la tierra y los ojos centrados.

Desarrollar la concentración para que nada desvíe del camino a la victoria.

Hay que blindar la misión para que los esfuerzos no contemplen el fracaso. Hacer hoy lo que otros no quieren, de forma que consiga lo que otros no van a poder.

Hay que fortalecerse mental y emocionalmente, y eliminar el subconsciente la opción de renunciar.

Destrozar las cosas y arreglarlas, mejorarlas por medio de la innovación y la adaptación.

Hay que desarrollar la intuición para usar la totalidad de la sabiduría e inteligencia. Hay que estar pendiente y a la ofensiva para sorprender a los demás y dominar el terreno.

Entrenar para desarrollar el dominio de los aspectos físicos mentales emocionales, espirituales e intuitivos.

Aunque muchas de las técnicas y de las prácticas son originales, la esencia de los principios que se desarrollan aquí, no son modernas ni nuevas. Es más, un estudio profundo de guerreros antiguos como los espartanos, los exploradores apaches y los samuráis, grupos de operadores de elite que son predecesores de los SEAL y otros que forman parte de las operaciones especiales

Escala de valores de los Navy SEAL

Veamos esta escala de valores comenzando por el credo que todo Navy SEAL aprende:

Cuando hay tiempos de guerra o difíciles, el soldado está listo para responder al llamado de la nación. Es un hombre normal con deseo poco normal de tener éxito. se forja en los momentos difíciles, en las operaciones especiales de Estados Unidos para servir al país y al pueblo americano y proteger la forma de vida. Hay que ser ese hombre, ese tridente es símbolo de honor y patrimonio.

Se le ha otorgado por los héroes que precedieron y encarna la confianza de los que han jurado proteger. Cuando se porta el tridente se acepta la responsabilidad de la profesión y el estilo de vida elegido. Es un privilegio que se tiene que ganar, la lealtad para con el país, el equipo que no se quiebra. Servir humildemente como guardián de los ideales estadounidenses. Siempre listo para defender a los que no se pueden defender. Sin dar publicidad a la naturaleza de la labor o buscando reconocimientos, aceptando los riesgos de manera voluntaria, inherentes a la profesión y colocando el bienestar de otros delante de los propios. Sirviendo con honor dentro y fuera del campo de batalla. Es la capacidad para controlar las emociones y actos, sean cuales sean las circunstancias, haciendo distinto a los demás. La norma no tiene flexibilidad, el carácter y el honor son firmes. El vínculo es la palabra.

Es dirigir, es obedecer, no hay órdenes y se toma el mando. Es dirigirse a los compañeros de equipos y ponerse en marcha para la misión. Es dirigir las situaciones con el ejemplo. Sin renunciar, perseverando para prosperar en los momentos difíciles. La nación espera que el soldado sea más duro mentalmente y más fuerte que los enemigos. Si se derriban se vuelve a poner en pie cada vez. Recurriendo a los últimos restos de aliento para proteger a los compañeros de equipo y cumplir la misión. Sin huir a la pelea.

Se tiene que tener disciplina, con innovación, la vida de los compañeros y el éxito en la misión, dependen de cada uno, de la capacidad técnica, de la competencia táctica, del cuidado de los detalles. Es una formación que no termina nunca. Es un entrenamiento para la guerra y luchar para vencer. Es estar listo para resistir todo tipo de combates para la guerra y luchar para vencer. Es enfrentar las metas marcadas. La ejecución de las obligaciones tiene que ser rápida y violenta cuando sea posible. Pero guiada por los mismos principios que se defienden, los hombres de valor que luchan y mueren haciendo la orgullosa tradición y la temible reputación que se está obligado a defender. En las peores condiciones el legado de las personas comienza con la resolución y lleva silenciosamente a las acciones. Sin fallas.

Asumir la pérdida, el riesgo y el fracaso

Este es un comentario que se tiene que tener en cuenta antes de adentrarnos más en lo que resta de esta experiencia. El proceso de decidir se puede ver afectado por el dolor y la decepción que causa a las personas por el cambio de profesiones y las probabilidades de fracasar en el intento de ser alguien mejor, como un SEAL.

Cuando comiences a ir por el camino correcto, las puertas comenzarán a abrirse y soplará una brisa de oportunidad que se mezcle con el placer y el dolor, o a lo mejor las dos. Se pueden elegir ignorar las puertas abiertas o pasarlas, esta última opción es la mejor. Hágalo como es debido y pronto verás que tienes el propio tridente del método de los SEAL.

Ejercicio SEAL

Veamos esta evaluación del método de los SEAL

Este es un ejercicio que se compone de varias partes, da inicio al viaje al autodescubrimiento. El proceso intenso personal que comienza con un ejercicio de relajación y contemplación. Mientras sopesa las cuestiones se tiene que prestar atención a las imágenes o sentimientos que aparezcan. Las impresiones iniciales sin refinar que se dan en la mente subconsciente, aún sin filtrar, analizar o categorizar. Son signos claros que señalan el camino al objetivo.

Intenta no juzgar lo que surge. Incluso si el mensaje puede dar miedo. Comienza con el credo, debido a que este es piedra angular del sistema de creencias. Más adelante define los valores que después llevan la conducta y alienta o desaconseja determinados actos. Después analizan las cosas que más apasionan porque alimentan el objetivo y representan lo que se tiene que dirigir con más energía en el futuro. Para terminar, se desvela el objetivo. Muchas veces el principio rector estaba reñido con la actual realidad, pero eso es lo que necesita para desvelarlo.

Confecciona el credo propio:

Es un credo que da respuesta a la pregunta sobre qué se debe hacer. En primer lugar, se tiene que buscar un lugar cómodo en donde se siente con el diario, tal vez una silla o en el suelo con la espalda apoyada en una pared. Te tienes que asegurar de que la columna vertebral es recta. Cierra los ojos y respira al menos por cinco minutos con inspiraciones abdominales hondas. Mientras exhala, te tienes que relajar profundamente. Esta práctica dará sereno, calmará la mente y conectará con el subconsciente.

En este estado va a ser más sensible a las imágenes y los sentimientos.

Al cabo de por lo menos cinco minutos de respiraciones profundas se abren los ojos y se consideran estas interrogantes. Escribe rápidamente las respuestas sin darle pie a la atención de imágenes y sentimientos que surjan.

- ¿Qué harías si supieras que solo queda un año de vida?
- ¿Qué harías si mi ciudad se viese afectada por un ataque terrorista o natural?
- ¿Qué harías si te pidieran ayuda para hacer el traslado, pero en realidad te piden ir al cine?
- ¿Qué harías si ganaras la lotería?
- ¿Qué harías si alguien te atacara sin razón?
- ¿Qué harías si te presentaran la oportunidad de hacer un negocio malo y que nadie se entere?
- ¿Qué haría si en tu presencia atacaran a una persona por la espalda?

Las respuestas a las preguntas responden al carácter. Por ejemplo, la respuesta a la última pregunta podría ser que mantienes la boca cerrada y te marcharías o desde otro punto de vista, respetas el derecho de las personas a tener opiniones, pero no participas en conversaciones negativas o chismosas.

Si alguien te pide ayuda para trasladarse puedes responder, lo lamento, pero tengo planes. Esto podría indicar que le das prioridad a las necesidades egoístas en vez de mantener una actitud centrada en el otro o en el equipo. Esto es importante porque tomas conciencia de que es una vía que va para el crecimiento. A medida que trates las cuestiones vas a aprender más detalles sobre el yo profundo e identificarás áreas donde querrás trabajar. En último término, el credo debería sugerirte rasgos del carácter que deseas encarnar, aunque no estés seguro de que ello se complete.

Plantea la propias preguntas sobre la base de lo que es importante mientras avanzas y recuerda que se trata del ideario, no del mío. Trata de hacer entre seis y diez afirmaciones que suenen poderosas y acertadas.

Defina los valores

Esta es una parte que trata de aclarar los valores de forma que se puedan convertir en la clase de persona que siempre se mantiene firme. Los valores dan respuesta a la pregunta qué es lo que más quieres en la vida. A menudo los expertos en liderazgo le piden que categorice valores como liderazgo, trabajo en equipo, familia o fe en la religión. La verdad, todos están implícitos en el método SEAL.

El ejercicio se tiene que centrar en los valores más íntimos que harán de ti una persona más fuerte, mejor. Cuando los identificas y los pones en marcha, se adaptan a ellos y los haces unas virtudes totalmente arraigadas en el carácter, distinto a las palabras vistas en una lista.

Debes escribir las cosas que quisieras cerca, las que quisieras alejar, como guía, hay valores para que lleves una buena vida, expresados acorde con lo que más te gustaría ser. Puedes hacer una lista con los valores básicos, por ejemplo, salud y actitud positiva, amor, pasión, etc.:

- Salud y positividad.
- Pasión y cariño.

- Autenticidad y sabiduría.
- Veracidad y gratitud.
- Diversión y juego.
- Deseos por aprender y crecer.
- Decisión y audacia.
- Generosidad con otros.

Ejemplos de valores que no deben estar:

- Negatividad y crítica.
- Desorden y sometimiento.
- Egoísmo.

Puedes experimentar gran impulso en la transformación de los pequeños actos que se aproximan o alejan de cada valor. Por ejemplo, se acercas a lo saludable y positivo. Cada que vez que comes bien, te hidratas, piensas en la salud, haces meditación o te entrenas.

Los pequeños pases facilitan que se pueda convertir en un hábito de valores relaticos o la actitud positiva. Con lo cual se forjan rasgos de carácter.

Descubrir la pasión

Ahora nos vamos a divertir, fantasear un poco. Aclarar eso que nos apasiona, permite dedicar más energía que motivará a mejorar. Las pasiones dan respuesta a la pregunta de quién soy yo al nivel más profundo. A lo mejor las pasiones apunten en dirección al objetivo que es el propósito final de este ejercicio. Surge aquí el compromiso para comenzar o profundizar la implicación en una actividad llena de valor y gratitud. Además de que ayuda a identificar el objetivo de un modo que lo podría vincular a las actividades para lograr satisfacción, relevancia y éxito.

Debes comenzar planteando las interrogantes, hacerlo de una en una y escribir lo que se te ocurra: debes prestar atención a la primera impresión y no juzgar.

¿Qué libros, películas, música, obras de arte, te conmueven?

¿Quién le inspira y por qué?

¿Qué características suyas le hacen sentir bien?

¿Qué actividades practicarías si tuvieras tiempo y nada te lo impidiese?

¿Qué aportas a los demás en características o actividades?

¿Puedes cambiar el mundo haciendo un poco mejor si te centras más en ellas?

¿Qué requieres para comenzar a hacer al menos una de esas actividades?

Esto es como con el credo, si descubres que las respuestas se inclinan a una actitud negativa, por ejemplo, si no ve que las actividades aportan beneficio para otros o se ve cambiando las actividades, ni siquiera en mínimo, habrá encontrado una oportunidad para reflexionar profundamente.

¿Qué es eso que te motiva intensamente?

Descubre el propósito

Este puede ser el paso más difícil para todos. Con un gran efecto. El primer objetivo es que seas un líder guerrero y tengas disciplina al extremo de poder cumplir propósitos de la mejor forma. Mientras lo logras puedes incluir de manera natural metas relacionadas con logros externos, como encontrar el tridente de loa Navy SEAL, implican la graduación al cabo de dos duros años entrenando. La meta se centra en un concepto de transformación, lograr algo a nivel de carácter y no en la mera adquisición de un título o cargo. No se elige el propósito, ser un oficial SEAL llegando a un rango de almirante.

Técnicamente esto incluye ser algo, ese tipo de meta se centra solo en la etiqueta y no en el contenido.

¿Cuál es la importancia de fijar la atención en el objetivo? No se saben las vueltas que da la vida, el dejar claro el propósito de ser algo encamina la dirección y da un motivo intrínseco para el viaje, permito a la vez que por un camino se presente la flexibilidad, la espontaneidad y el cambio. El ponerse propósito para lograr algo tan solo lo lleva a un espacio restringido y decepciona cuando las cosas no salen como se espera.

Con una gran conciencia propia lograda en las primeras etapas, hay que examinar las posibilidades que se ve, se sienten o suenan como si fueran acordes con las pasiones, valores o credo.

Visualiza el futuro yo.

Cuando tengas satisfacción con los resultados de las evaluaciones anteriores va a haber un momento de desarrollar la mejor imagen interna en tanto que ser humano, construido en torno al grado de consecución de las metas y vivir la vida con pasión y fidelidad a los valores, todo esto con lealtad a ti mismo, llevarlo a cabo ayuda a reforzar el proceso de autoconocimiento y aporta visión estimulante y motivadora que te recordará por qué te tomas molestias. A la vez, comienza a construir las herramientas de visualización, algo que desarrollas a lo largo de este contenido.

La visualización permite que te sientas cómodo en los papeles, que te imagines a ti mismo en el estado ideal activando el poder personal y viviendo en armonía con las creencias y objetivos. Algo que enseñan los SEAL es que no existe la perfección, sino el esfuerzo perfecto. Por medio de la práctica mental de la versión perfecta de nosotros mismos, llegamos a serlo poco a poco en la vida real.

El primero paso es que encuentres un sitio cómo para que te sientes con el diario, puedes usar uno donde medites con frecuencia. Ciérralos ojos y respira con profundas inspiraciones abdominales al menos por cinco minutos. Mientras respiras te relajas, al terminar los cinco minutos de respiración profunda, comienzas la visualización.

El segundo paso es que evoques en los ojos de la mente una imagen de ti mismo en el estado ideal dentro de tres meses a partir de este momento. Cuando logras las metas intermedias en perfecto estado de salud y asumiendo los rasgos de carácter que representan los ideales, metas y valores. Según cobre nitidez, la imagen, sonido, color, emociones y movimiento como si se viera en un film. Es un proceso que se debe llevar un par de minutos.

El otro paso es que se avance rápidamente y se repitan las imágenes, pero desde el punto de vista de un año después, si lo deseas, adelantando tres años y repitiendo.

El otro paso es que cuando estés satisfecho de las visiones del futuro yo, las traigas al momento actual y veas tu yo como a esa persona. Hazlo como el que se ha ganado el tridente personal. Te puedes apropiar de él y respirar teniendo la visión. Al terminar, te limitas a abrir los ojos y vuelves a la cotidianidad, dejas que el subconsciente haga el trabajo.

El yoga como elemento base

El yoga se usa para entrenarse físicamente, mental, intuitivo y espiritual, con gran atención en la salud al sistema nervioso y la columna vertebral, así como la flexibilidad y la resistencia.

El yoga no se enseña en el programa SEAL, pero desde 2007 si se ha estado enseñando a los candidatos SEAL un método llamado Warrior Yoga, muchos SEAL entienden el valor del yoga para manejar el estrés y la capacidad de concentración y las habilidades cruciales para guerreros y civiles.

Amarlos, odiarlos o amar odiarlos, las poses de Guerrero son algunos de los fundamentos básicos de una práctica de asanas buena y sólida. Desde caderas cuadradas, a posturas anchas, al equilibrio; desde tu núcleo hasta tus piernas, estas poses lo tienen todo.

Los beneficios físicos, mentales y emocionales de las poses de guerrero

Guerrero I, II y III son algunas de las posturas más comunes en la práctica del yoga, y por una buena razón. Son accesibles para la mayoría de los cuerpos y son menos intimidantes que algunas de las posturas más avanzadas, al mismo tiempo que siguen siendo excelentes posturas para desarrollar fuerza, confianza y conciencia corporal.

Sin embargo, el hecho de que las poses de guerrero sean tan comunes en las prácticas de la mayoría de las personas puede hacer que algunos den por sentados los beneficios que ofrecen. Entonces, con eso en mente, echemos un vistazo a los beneficios físicos, mentales y emocionales de las poses de Guerrero para ayudar a revivir su entusiasmo por estas posturas.

Los beneficios de Warrior I

Físico: Warrior I es increíble para fortalecer los pies, los isquiotibiales, los cuádriceps y los glúteos, desarrollar la potencia central, facilitar la rotación interna de la pierna (que puede ser bastante desafiante para muchos) y abrir el pecho si realiza la postura con un enérgico levantamiento de la parte superior del cuerpo.

Mental: Warrior I es increíble para enseñar la conciencia corporal y aumentar la conexión cuerpo-mente. La rotación interna del pie trasero, combinada con la cuadratura de las caderas y la planta completa del pie trasero, requiere que uno tenga una gran percepción de dónde está su cuerpo en el espacio.

Este desafío mental desarrolla la coordinación y un sentido general de conexión con su yo físico.

Emocional: Warrior I es excelente para abrir el corazón y desarrollar el coraje. Esta postura te mantiene de pie muy fuerte: una pierna hacia atrás, una pierna hacia adelante, las caderas hacia adelante y el pecho levantado. Esta poderosa postura puede ayudarte a ganar fuerza interior y coraje, permitiéndote abrirte a ti mismo y a los demás.

Los beneficios de Warrior II

Físico: al igual que el Guerrero I, el Guerrero II es ideal para las piernas, los glúteos, las caderas, los músculos centrales, el pecho, los hombros y los brazos. Esta es una pose de cuerpo completo que esencialmente, si la estás haciendo correctamente, trabaja todos los músculos que tienes.

Esta postura también puede ayudar a desarrollar la resistencia, ya que es bastante fácil mantener esta postura durante un período de tiempo más largo mientras se mantiene la alineación adecuada y sin riesgo de lesiones.

Mental: Warrior II puede ser una práctica para encontrar la facilidad con el esfuerzo. Esta postura ofrece una oportunidad única para practicar la búsqueda de dónde puede permitir que se disuelvan las tensiones excesivas, mientras continúa sosteniendo lo que debe sostenerse para la estabilidad e integridad dentro de la postura.

Por ejemplo, puede comenzar a notar realmente la tensión en el cuello y los hombros en esta postura, y trabajar para liberarla, mientras continúa manteniendo la poderosa posición de estocada de las piernas.

Este trabajo en el nivel físico puede traducirse en un trabajo en el nivel mental también: ¿dónde tiene tensiones innecesarias en su vida? ¿Dónde puedes aprender a relajarte mientras mantienes la fuerza en otras áreas?

Emocional: Warrior II se trata de encontrar la paz en el momento. Esta postura es muy común en la mayoría de las prácticas, lo que significa que lo más probable es que pases mucho tiempo en esta postura, sin importar el linaje de yoga al que te suscribas.

Esta familiaridad a veces puede conducir a la complacencia, la resistencia o el aburrimiento. Cuando surjan estos sentimientos, piense en cómo usar esta postura para desarrollar la paz en los momentos incómodos de su vida. Usa Warrior II como un espejo para tu habilidad de encontrar tranquilidad y tranquilidad mental en lugares en los que preferirías no estar.

Los beneficios de Warrior III

Físico: Warrior III tiene que ver con el equilibrio y la estabilidad. Trabajará su pierna de apoyo con bastante fuerza mientras equilibra todo su peso sobre ella, accediendo a todos los músculos a lo largo de la columna vertebral para mantener la parte superior del cuerpo larga y recta, y hundiendo los isquiotibiales en la pierna extendida.

Tu trasero estará haciendo un gran ejercicio y tus músculos centrales estarán comprometidos. Además de eso, sus músculos estabilizadores también se beneficiarán de su dinero.

Mental: puede ser muy fácil querer tensar todo cuando estás en Warrior III, ya que la pose es bastante desafiante físicamente. La otra tendencia que he visto aquí es querer revisar mentalmente: enviar la mente a otro lugar para tratar de disminuir la incomodidad física que puede sentir en esta postura.

Mientras estés en Warrior III, entrenarás la mente para permanecer presente y concentrada durante situaciones difíciles, además de entrenar tu mente para relajarse y liberar las tensiones que no necesitas. Esta pose se trata de dejar ir la resistencia mental a lo que es, y ¡vaya, vaya, lo sentirás!

Emocional: Warrior III puede provocar sentimientos intensos de querer escapar. Esta postura también puede hacer que se sienta desafiado más allá de sus posibilidades y puede hacer que desee darse por vencido y dejar de fumar. Para mí, Warrior III nos permite practicar el mantenernos emocionalmente equilibrados en medio de la presión, en medio del desafío.

El aspecto de equilibrio de esta pose a nivel físico también se refleja en nuestras emociones. Warrior III puede enseñarnos a mantener el equilibrio en nuestras emociones, a estar presentes con lo que sentimos sin tener que reaccionar a todas y cada una de las pequeñas cosas que surgen en nuestra experiencia emocional.

Cómo hacer la pose de guerrero

El yoga está plagado de batallas que debemos trascender para alcanzar plenamente la libertad espiritual. Solía ver al Guerrero Uno simplemente como un símbolo de fuerza y concentración para continuar durante los momentos más desafiantes de la práctica, enseñándome cómo invocar esas cualidades durante los momentos difíciles de la vida.

Si bien todo eso es cierto y ciertamente útil, comprender la leyenda y la historia de esta postura enriquecerá su práctica diaria de yoga, lo ayudará a afinar su ejecución física y, en última instancia, lo facilitará aún más en su camino hacia la liberación.

Invocando a Virabhadra: El mito del héroe yóguico

Sati, la esposa de Shiva, invadió una fiesta organizada por su padre, el poderoso, influyente e irascible sacerdote llamado Daksha. A su llegada, Daksha se enfureció y comenzó una discusión con Sati que terminó en su suicidio.

Cuando Shiva se enteró de la pérdida de su esposa, sus emociones se apoderaron de él y se arrancó un mechón de cabello de la cabeza y lo pisoteó contra el suelo. Esta acción invocó a Virabhadra (traducido como amigo heroico) y lo trajo a la existencia para buscar venganza contra Daksha y todos los que asistieron a la fiesta que condujo a la prematura muerte de Sati.

En Warrior I, Virabhadra emerge con dos espadas en sus manos preparándose para defender a su líder. Armado con el coraje inquebrantable para luchar si es necesario, un sentido de servicio desinteresado y una lealtad incondicional a la voluntad de Shiva, Virabhadra representa lo que significa vivir y respirar propósito con total confianza y libre de distracciones.

Preparándose para la batalla

Para calentar para esta asana, asegúrese de estirar las caderas y los isquiotibiales con algunas estocadas bajas y perros hacia abajo.

Si sufre de dolor de rodilla o lumbalgia, comience con una estocada creciente con ambos pies hacia adelante hasta que se sienta fuerte en los cuádriceps, estable en las caderas y tenga la capacidad de mantenerse erguido sin inclinarse hacia adelante o arquear excesivamente la espalda.

Guerrero I: paso a paso

- Comience en Tadasana.
- Da un paso con el pie derecho hacia la parte posterior de la colchoneta creando una postura larga.
- Gire el talón derecho hacia abajo y coloque el pie en un ángulo de 45 grados.
- Doble la rodilla izquierda lo más cerca que pueda en un ángulo de 90 grados.
- Extiende tus brazos hacia arriba como si fueras Virabhadra sosteniendo sus dos espadas.
- Intentar inclinar ambas caderas hacia el frente es ideal, pero no es necesario y debe evitarse si experimenta dolor en las caderas, rodillas y / o espalda baja.
- Mantenga la postura durante 5-10 respiraciones antes de regresar a Tadasana y repetir en el segundo lado.

El yoga no se practica ni se enseña como una forma de artes marciales para enseñarte a luchar. Sin embargo, al igual que las artes marciales, el yoga te entrena para tener discernimiento y conocerte a ti mismo a través de la autoobservación, la conciencia y la compasión.

Independientemente de si las batallas que enfrentas son internas o si te sientes obligado a enfrentarte al mundo entero, el Guerrero Uno te enseña a encarnar el dharma de Virabhadra y a conocer tu propósito. Actúe solo desde su más verdadera intención y recuerde que incluso en medio de un conflicto, el objetivo real es solo el de la paz.

Que tu yoga te lleve solo hacia este camino de paz, armonía y amor.

Consejos de alineación para un poderoso guerrero dos

Es tremendamente popular en la mayoría de las formas de yoga, pero ¿el icónico Warrior 2 (Virabhadrasana II) garantiza toda la publicidad? ¡Sí! Se considera una pose de nivel principiante, aunque ofrece un desafío para los yoguis de todos los niveles. Y cuando practicamos con la alineación integral, podemos mejorar los increíbles beneficios físicos y energéticos.

Físicamente, se abre a través de las caderas y la ingle y aumenta el calor y la fuerza, especialmente en las piernas. Energéticamente trabaja para equilibrar nuestro chakra raíz Muladhara, que puede ayudar a calmar nuestras emociones y mejorar los sentimientos de conexión a tierra y estabilidad. Y como una ventaja total, puede ser extremadamente útil para aquietar una mente ocupada y fluctuante. Así que echemos un vistazo.

1. Coloque la base con una postura amplia

En las formas de yoga fluidas o dinámicas, es común abrirse del Guerrero 1 al Guerrero 2, pero la postura en el Guerrero 2 es en realidad un poco más amplia. La mejor manera de medir la ubicación de los pies es pararse frente al borde largo de su tapete y separar las piernas.

Con los brazos hacia los lados a la altura de los hombros, los pies deben estar debajo de las muñecas.

2. Instala los pies

Veremos esto como si estuviéramos trabajando primero en el lado derecho. Gira los dedos de los pies 90 grados hacia la derecha para que miren hacia el borde corto del tapete y los dedos de los pies hacia atrás estén ligeramente hacia adentro.

El talón de tu pie delantero debe alinearse con la mitad del arco de su pie trasero, y debes asegurarte de que el borde exterior y el talón de su pie trasero estén firmemente conectados con la colchoneta. Levanta a través de los arcos internos de ambos pies.

3. Rodilla delantera

La rodilla delantera está doblada e idealmente apilada directamente sobre el tobillo, aunque si tu ingle / caderas están muy apretadas, es posible que no alcance esa profundidad. No quieres la rodilla delante del tobillo. También desea alinear la rodilla para que se deslice sobre el segundo dedo y el medio.

4. Muslo delantero paralelo al suelo

Si tienes la ingle apretada (común para los principiantes), y si todavía estás fortaleciendo los muslos, esto puede ser un poco desafiante ... pero es bueno saber que aquí es hacia donde se dirige.

Según el primer punto, necesitamos una postura lo suficientemente amplia para que nuestro muslo esté paralelo, por lo que es posible que debas ajustar ligeramente la base para obtener la profundidad correcta.

5. Hombros sobre las caderas

Los brazos están abiertos a la altura de los hombros y tú estás extendiendo las manos por igual hacia adelante y hacia atrás. Es muy común inclinarse demasiado hacia adelante en esta postura, generalmente porque la mente quiere "ir a alguna parte", por lo que es posible que debas alinear conscientemente los hombros sobre las caderas y resistir el impulso de escapar ...

6. El coxis se alarga hacia la colchoneta

Para mantener una hermosa columna vertebral larga, sienta que el coxis se alarga hacia abajo mientras la corona se eleva hacia el cielo. Y si estás buscando un poco de conexión a tierra, esta es la pose perfecta para formar una conexión con la tierra. Imagina que un rayo de luz atraviesa tu cuerpo y conecta tu coxis con el suelo debajo de ti.

Disfruta de esos sentimientos por unos momentos. Esa conexión puede llegar hasta el núcleo de la tierra si necesitas niveles realmente intensos de estabilidad (como lo hago a menudo cuando viajo).

7. El corazón está abierto y ligero

Con los brazos abiertos, el cofre está abierto y amplio, dejando un montón de espacio para que brille hacia adelante tu luz y tu belleza interior. ¡Anímalo con los brazos abiertos! Literalmente.

8. Enfoca tu mirada

Tradicionalmente, la mirada se posa sobre el dedo medio de la mano delantera, pero obviamente ten en cuenta el cuello y trabaja adecuadamente. En sánscrito se llama encontrar tu drishti, un punto focal para tus ojos que ayuda a aquietar y relajar la mente a través de la concentración en un solo punto.

9. Mantenga una respiración suave y uniforme

Sé realmente consciente del proceso de respiración en esta postura porque es muy fácil que se vuelva corto y desigual. Las respiraciones suaves y uniformes te ayudarán a mantener la calma, lo que será particularmente útil si la mente comienza a agitarse por el desafío físico.

El control de la respiración

Los trucos simples de respiración para aliviar el estrés y la ansiedad en el día a día. El estilo de vida imperante en sociedades como esta, refuerza la competición y la mejora constante, causa una elevada cantidad de estrés en el organismo, lo que altera el bienestar y la cantidad alta de estrés. Causa problemas de ansiedad e incluso trastornos. Una de las formas de controlar la activación mental y el estrés es por medio de la respiración.

La respiración es una de las funciones elementales del organismo que permite que consigamos oxígeno para sobrevivir. La función se puede ver afectada en la presencia de estrés o elementos contextuales que causen desarrollo de patrones acelerados que dañen la correcta entrada de oxígeno en el cuerpo. Sin embargo, entrenar la función puede causar que se reduzca el nivel de estrés que lleve a circunstancias ambientales y sociales por medio de la relajación, reduce problemas de sueño, hipertensión, asma, cefalea, problemas sexuales o fobias, además de que se puede tener un mejor percepción, gestión del dolor y sensaciones que se dan por causas orgánicas o mentales.

Técnicas de respiraciones eficaces

A continuación, vamos a indicar una serie de ejercicios de respiración sencillos que se llevan a cabo para que relajes la mente y el cuerpo.

Respiración profunda

Este es un ejercicio sencillo de hacer. De los más fáciles sirve para que te tranquilices luego de una situación de estrés o esfuerzo. Se basa en que tomes aire por la vía nasal, mantengas los pulmones y lo sueltes con suavidad por la boca. Cada uno de los pasos debe durar unos cuatro segundos.

Respiración diafragmática/abdominal

Es un ejercicio bastante fácil. Similar al anterior, pero en este caso la respiración se hace de manera abdominal, para poderse hacer, se tiene que tener un sitio donde se pueda estar cómodo.

Lo mejor es que se esté sentado o tumbado, como primer paso se inspira por la nariz por unos cuatro segundos, mantienes el aire en el interior por unos segundos y expulsas por la boca suavemente, sostienes el aire en el interior unos segundos y sacas por la boca suavemente. Se necesitan inspiraciones largas, entran en el cuerpo con un gran volumen.

Se pone una mano en el estómago, y la otra en el pecho se puede comprobar si se está llevando el aire correctamente en las zonas pretendidas. La mano del pecho no se debe mover cuando se inhale, mientras que se nota el aire llenando el vientre.

El entrenamiento causa el control parasimpático y el descenso de la tasa cardiaca. Se recomienda que se intente generalizar y automatizar la respiración con la finalidad de mantener el control sobre el nivel de activación del cuerpo.

Respiración completa

Este es un tipo de respiración que tiene una sola técnica de respiración profunda abdominal. El proceso arranca con la expulsión de todo el aire de los pulmones. Se hace con la inspiración suave y profunda hasta que se llena el abdomen, para seguir inhalando hasta llenar los pulmones y pecho en una misma inhalación. Se mantiene el aire por unos segundos y luego se expulsa oralmente y lentamente. Primero el pecho y luego el abdomen.

Respiración por la nariz alternada o Nadi Shodhana

Esta es una técnica aplicada en el mundo del yoga, se basa en la alternancia entre las fosas nasales a la hora de inspirar. En primer lugar, se procede a tapar una de las fosas nasales, para hacer una inhalación profunda por la otra fosa. Cuando inhalas, se tapa la fosa nasal por la que entra el aire y destapar la otra, por la cual se produce la exhalación.

Ahora, se repite el mismo procedimiento, comenzando por la fosa nasal contraria al ejercicio anterior. Esta es una técnica efectiva para que se despeje la mente.

Respiración de fuego o Kapalabhati

Esta es otra técnica que viene del yoga, se inicia con el ejercicio respiratorio, con una inspiración profunda y lenta, sigue con la exhalación forzada y rápida desde el abdomen. Se hace con el ritmo de inhalación exhalación cada dos segundos hasta que completes las diez respiraciones. Se trata de una respiración llena de energía, pero lo mejor es que se tenga precaución dado que puede causar hiperventilación y dolor de abdomen. Por esto no es recomendada para personas demasiado ansiosas.

Respiración para controlar la ira

Este es un tipo de ejercicio que se indica para las situaciones que causan ira, con el fin de controlarla. Se tiene en cuenta que inhalar causa la llegada de oxígeno al cuerpo por lo tanto de energía, puede ser recomendable en situación donde se quiera controla la rabia y nos centremos en la exhalación, proceso que por lo general libera presión y relaja.

Para hacer esto solo se necesita exhalar fuertemente, vacías todo lo que puedas los pulmones en una potente exhalación. Luego, inhalas cuando el cuerpo lo necesita, para repetir el procedimiento, hasta que la sensación de presión se reduzca.

Visualización guiada

Se usa como un modo para relajarse, es una técnica que permite la tranquilidad mental. Se basa en el uso de una respiración profunda y regular mientras se escucha una grabación con el tipo de pensamiento e imágenes que debería imaginar. Por lo general se trata de ubicar a la persona en un escenario mental que guste, que permita ver objetivos y visualizar haciéndolos. Se trata de una técnica que se usa en mindfulness.

Relajación muscular progresiva de Jacobson

Es una técnica de relajación que incluye el control de respiración y la tensión de músculos. Con ojos cerrados y postura cómoda que mantiene la respiración profunda y regular. Luego se procede a hacer un recorrido de los grupos musculares del cuerpo.

Cada grupo muscular se tensa en periodos de tres a diez segundos para luego descansar entre diez a treinta, lo mejor es que el periodo de relajación sea con el triple de tensión, haciendo tres repeticiones.

El proceso de respiración comienza por los extremos distales del cuerpo, por los puntos y las extremidades alejadas del cuerpo hasta que llega a la cabeza. Así comienza la rutina de tensión relajación por los pies. Para seguir por las piernas, glúteos, espalda, brazos, pecho, cabeza, mandíbula y cuello.

Si se hace con precaución, dado que es común la presencia de calambres, mareos, hormigueos, hiperventilación. En caso de tenerlos lo mejor es que se pare el ejercicio. Es una gran técnica.

La positividad

El darles la vuelta a las cosas y verlas desde un punto de vista más positivo nos puede servir para apreciar mucho el mundo desde otro lado. se parte de la base de que todo depende del punto de vista en el que lo miremos y que toda experiencia o situación se puede obtener con cosas buenas. Así es como se trabaja la positividad. La psicoterapia positiva se basa en trabajar las fortalezas de las personas y no solo en las debilidades. Pone el foco en las mociones positivas para poder llegar al cambio.

Esto se logra por pasos.

Querernos

Este es el primer paso, de este modo, si queremos tener un cambio, podemos comenzar a analizar lo que podemos transformar y ver las situaciones en este prima positivo. Lograrlo es difícil, pero tener las ganas es un primer paso importante que nos lleva al objetivo.

Expertos recomiendan que antes de comenzar a trabajar en ser más positivo, lo primero a hacer es estar a gusto con nosotros mismos. Hay que querernos más y aceptarnos como somos, hay que dedicar minutos a esto.

Hay que analizar lo bueno partiendo de lo malo

Luego de dedicar un tiempo a diario para la reflexión, es bueno que hagas un ejercicio sencillo. Busca un momento diario para pensar en una o varias situaciones negativas que se viven en el día a día, con familiares, vecinos, pareja, con amigos en el trabajo, después se intenta sacar el lado positivo, es decir, tratar de buscar el aprendizaje que se haya obtenido con lo vivido.

La conclusión de esto es que, al mirar la situación negativa desde un ángulo diferente al habitual, se toma el tiempo para analizarla, nos puede hacer sentir con una autoconfianza y positividad mayor. La idea es que se tome papel, boli y se haga un análisis una vez al día.

Sonrisas, hobbies y deporte

Otra de las actuaciones que se recomiendan es que sonrías más. El que regales sonrisas incrementa el bienestar del que las recibe y también del que las da. Para poder trabajar la positividad se pueden hacer muchas cosas sencillas, como dedicar tiempo a un hobby, hacer algo que aumente la autoestima, todo esto ayuda a que se sea más feliz y más positivos.

El deporte también tiene un grano de arena, esto hace que liberemos endorfinas, hormona que tiene que ver con el bienestar, que provoca que nos encontremos mejor, relajados y menos malhumorados.

La visualización

La mente tiene mucho poder, los pensamientos y las emociones que se derivan de ellos, que tienen capacidad para modificar la realidad tangible. Todo esto, claro por medio de las acciones, sin embargo, la visualización creativa es una herramienta simple que con constancia ayuda a construir el presente que queremos.

La mente es poderosa, los pensamientos y las emociones que de ellos se derivan, tienen la capacidad de modificar la realidad tangible. Todo esto claro, por medio de las acciones. Si embargo, la visualización creativa es una herramienta sencilla que, con constancia, nos puede ayudar a crear el presente que queremos vivir.

Por norma general empleamos la mente en pensar sobre lo que se acontece. Reflexionamos sobre los aspectos de la vida que no funcionan como queremos, nos preocupamos al respecto de esto e invertimos la energía en alimenta mentalmente situaciones que no nos gustan. Si dirigimos el potencial la creación en imaginación, de lo que queremos esto al final se hará tangible.

Las ayudas de la visualización para tener autodisciplina

Nos ayuda a enfocar en la oportunidad. Seguramente has visto que cuando un elemento te interesa, comienzas a verlo por todos lados. Puedes que cando intentas ser madre, comienzas a ver más mujeres embarazadas. Cuando un coche determinado te llama la atención comienzas a encontrarlos sea donde sea que vayas.

La razón de esto es porque estamos diseñados para detectar eso en lo que centramos la atención. De esta manera lo que ocupe los pensamientos va a ser más fácil detectarlo en el mundo físico. Quien constantemente piensa en las dificultades las encuentra, tal como el que acostumbra a pensar en positivo encuentra modos de alegría. Al saber esto, se puede decidir con qué pensamientos nutrir la mente. Si visualizas con frecuencia el trabajo que amas, el cerebro estará más alerta a situación y opciones relacionadas. Si mantienes la imagen de un hombre caballeroso va a ser más fácil que lo identifiques antes que a otros no se les dé la característica.

Ayuda a transformar el contenido

Si haces una reflexión vas a encontrar que en algunas áreas de la vida se repite un patrón, a lo mejor muchos de los amigos que tienes te traicionaron, varias de las parejas han sido indiferentes o siempre que te has propuesto metas has decaído antes de encontrarlo. Las repeticiones no son fruto del azar, vienen de las creencias. De un modo más o menos directo, lo que pensamos encuentra el camino para poderse manifestar ante nosotros.

De repente así, la convicción de que las personas no son confiables te lleva a que te acerques a quienes cumplen con esa creencia. El pensamiento de que es una persona perezosa y sin constancia te quita motivación para poder perseverar. Sea como sea, eso en lo que pensabas termina corroborándose.

Tenemos que recordar que la realidad se alinea con los pensamientos. Por lo tanto, tenemos que tratar de llenar el espacio mental con afirmaciones e imágenes positivas que sean consecuentes con eso que queremos obtener. La visualización creativa ayuda a implantar y arraigar las escenas para tenerlas presentes a lo largo del día.

Acercando la imaginación a la realidad

Se ha demostrado que pensar en una acción provoca en el cuerpo efectos similares a hacerla. Por ejemplo, cuando una persona imagina in alto edificio, los ojos se mueven como si miraran de verdad la construcción. Así se imagina siendo sociables y espontáneos para el cerebro, como un acontecimiento acaecido. Una suerte de práctica que se almacena en la memoria. Así, cuando se pone en práctica se parte de esta experiencia.

Cómo se aplica la visualización

Debes encontrar un espacio tranquilo, colocarte en una posición de comodidad y relajación. Cierra los ojos y comienza a respirar de manera diafragmática. Luego para entrenar la capacidad de visualización, imagina objetos o estancias que conozcas. Puedes por ejemplo visualizar la oficina, repasas mentalmente cada elemento que lo compone.

Cuando lo domines, cuando sostengas la escena, la comienzas a aplicar para eso que deseas a ti mismo en una situación anhelada. Trabajando en un espacio más amplio, viendo la televisión, visualizando detalles, colores, olores, temperatura. Siente de la forma más vívida posible que comienza con otras circunstancias. Ahora te centras en las emociones que se despiertan, orgullo por haber logrado el ascenso, o la felicidad y plenitud por encontrar el amor. Ten esa emoción por un tiempo prolongado, si practicas el ejercicio al menos dos veces cada día, eres perseverante, compruebas cómo los cambios comienzan a darse.

El factor 20X

El factor 20X es la percepción de que somos capaces de hacer veinte veces más de lo que jamás hubiéramos pensado. Esta es una percepción que se tiene que adquirir a base de trabajo para desarrollar la tenacidad mental y para romper las creencias que limitan.

Este es un principio que aplica en todas las áreas de la vida. Se puede aplicar en todas las áreas de la vida, la salud y la condición física, estudios, trabajo, ingresos, relaciones…

Cuando se adquiere y se interioriza será imposible conformarse con menos en la vida.

Los SEALs no son el primer cuerpo de guerreros en comprender esto del factor 20x. en las formas antiguas del yoga, quienes preparaban guerreros para la batalla, requerían tapas, que se traduce en un esfuerzo desmesurado. Era un esfuerzo que se prolongaba por entrenamientos de muchas horas cada día y por medio de complejos movimientos que costaba mucho perfeccionar.

El yoga integraba difíciles ejercicios respiratorios y largos periodos de meditación para eliminar la debilidad y poner en marcha la mente.

Los espartanos usaban el agogé, un programa brutal de instrucción para guerreros jóvenes que los hacía duros física y mentalmente. Las artes marciales orientales tales como las de los monjes shaolin y el ninjutsu, y los guerreros nativos como los apaches adoptaron también el factor 20X.

No es una cuestión de que nos volvamos espartanos y vayamos a la montaña una semana, sino más bien que tratemos de ir más allá cada tanto, romper el estatus quo para cambiar el mito de que lo fácil es bueno y lo difícil es malo.

El factor 20X se puede extrapolar en otras actividades no físicas como:

- Irse de viaje sin un billete de vuelta. Llevando una mochila.
- Entrar a estudiar un idioma que no controlas.
- Poner un negocio. Eso sí que es un reto inmenso.

Todo es cuestión de que hagas cosas que rompan con el ciclo de conducta cómoda y refuerzan el carácter.

¿Por qué ponerse a prueba?

Muchas personas se sienten intimidades por los retos de la naturaleza extrema. Es algo normal si se tiene en cuenta el nivel de confort y bienestar al que estamos acostumbrados en la sociedad occidental. La era industrial trae prosperidad material y muchas comodidades, pero también trae enfermedades, obesidad, infelicidad y carencia de propósitos.

Una cosa es que se tengan momentos de placer y otra que se tenga una vida saludable con momentos de felicidad, para eso necesitamos cuidarnos y a la vez ponernos a prueba, someter el cuerpo y la mente a estresores para hacerlos más fuertes. Nos hace falta aventura.

Cuando se busca el factor 20X con los desafíos, se logra:

- Aumentar el baremo de sufrimiento, se mejora la capacidad de tolerancia al dolor. En un mundo con muchas comodidades todos tenemos que sufrir un poco cada tanto y no ahogarnos en un vaso de agua.
- Hay que resetear el detector de estrés. Se supone que el sistema simpático se activa para escapar de leones, no por un atasco. Luego de un desafío extremo cualquier situación que se dé en el día a día no va a ser tan estresante en comparación.
- Salir de la zona de confort, es ahí donde se da la magia y las creces, hacer amigos, parece increíble, pero en los momentos intensos es cuando se dan lazos más estrechos. No imaginas lo que es sufrir juntos y apoyarse unos a otros en los peores momentos.
- Demostrar que se puede y que se puede hacer muchas cosas.

Los motivos son pocos, pero importantes como para que consideres un desafío cada año que te suponga mucha preparación.

Puedes ponerte como meta hacer una maratón, hacer una carrera de obstáculos o simplemente hacer algo ajeno al ejercicio físico que suponga un desafío como viajar al extranjero para hacer un curso en otro idioma. A lo mejor apetece hacer cosas extremas y nuevas, entrenar como héroes.

CONSEJOS DE UN SEAL PARA AUMENTAR LA TENACIDAD MENTAL

Estos consejos salen de un SEAL con veinte años de experiencia, treinta años de experiencia en entrenamiento en artes marciales y más de 15 años practicando yoga y entrenando guerreros. Si hay algo que puede enseñarte es la importancia de la fortaleza mental por arriba de las habilidades físicas que puedas tener. El mantra Mente sobre el cuerpo, es cierto, puedes hacer lo que sea si pones la mente en ello.

Ten presente estos consejos para que comiences a construir la fortaleza mental, tal como lo haría un SEAL.

Primero te debes enfocar en ti mismo

La autoconciencia es un punto para comenzar a construir lo mismo que se llama mente invencible. La mayor autoconciencia ayudará a que se evite cometer los mismos errores una y otra vez y permitirá que nos preparemos para futuros momentos críticos.

En la juventud se es un soñador, si se pregunta cómo sería el futuro y que se hubiera quedado mirando fijamente con una expresión vacía. Esto no es poco común.

El diario es un buen lugar para establecer autoconciencia, incluso si son diez minutos al día, encuentra un sitio donde puedas evitar interrupciones. Puedes hacer respiraciones profundas, centrarte y pasar un momento sincero y reflexionando sobre quién eres y dónde estás en la vida. Debes hacer esto a diario y convertirlo en un hábito como cepillarte los dientes.

El enfoque es cómo las riendas que toman a un caballo brioso, se tiene que aprender a dominar. ¿Cuántas veces te detienes cada día para ver el móvil y ver las redes sociales? ¿Cuántas veces has comenzado un proyecto, pero lo dejaste a medio camino?

Mantener el enfoque es una tarea cada vez más difícil actualmente. Principalmente por las distracciones que se dan en todos lados. Si estás aquí para cambiar esto, pues excelente, comprender la importancia de enfocarte en los objetivos personales y profesionales es un gran paso.

Para poderte ayudar más a crear hábitos para conquistar las metas. Veamos en detalle esto del enfoque y la manera de desviarlo a nosotros mismos.

No tener enfoque afecta en las más variadas áreas de la vida. Si no se tiene enfoque se comienza a perder el control en las tareas del día a día, lo que siempre se deja atrasado para después.

La pérdida de control puede invadir áreas mayores, como falta de enfoque para organizar finanzas personales, por ejemplo, cuando se dice que es necesario enfocarse, se quiere decir que se va en dirección a una meta, así es como se organiza y se hace una planificación para entender lo que se necesita para conquistar lo que se quiere.

Antes de dar el paso, es necesario que se evalúe el momento donde se encuentra el enfoque mental. Si no logras ignorar las distracciones, entonces es hora de que le atiendas.

Puede que lleve su tiempo, pero no te desesperes, ten buenos hábitos que con el tiempo va a ser más natural.

Técnicas para trabajar el enfoque y lograr lo que te propongas

Ten en cuenta estas técnicas para que te ayudes y enfoques mejor y aumentes la concentración.

Comienza poniendo en práctica estos objetivos.

Comienza gradualmente

Si tienes un objetivo central, puedes emprender e iniciar un negocio nuevo, la mejor manera de trabajar para esto es que se alcance la meta gradualmente.

Es como emprender con una actividad nueva después de mucho tiempo sin hacer ejercicio, no vas a lograr un buen resultado de buenas a primeras. Hace falta que te entrenes y conquistes un acondicionamiento cada vez mejor con el paso del tiempo

Tienes que dividir el objetivo en metas pequeñas, comienza a trabajar desde allí. Un consejo es que uses la técnica Pomodoro que también fracciona el tiempo de trabajo.

Elimina las posibles distracciones

Aunque se vea obvio, muchas veces no tenemos la noción de la cantidad de distracciones que impiden concentrarnos en las tareas. Actualmente hay fuentes comunes de distracciones como los móviles y las redes sociales. Solo se necesita una notificación para que se caiga en la gran tentación de actuar.

Una manera de lidiar con esto es que alejes el móvil, que bloquees el acceso a redes sociales, para esto puedes instalar un plugin de Chrome que lo hace por ti. Deja un horario para que te centres en la tarea. No importa si es para estudiar o para trabajar, crea una rutina elimina fuentes de distracciones y así te puedes enfocar en lo necesario.

Céntrate en una cosa a la vez

Sea dicha la verdad, pocas personas logran ser multitarea, para los que tienen problemas con enfoque lo ideal es que se escojan metas y se enfoquen en una de cada vez.

Hay que hacer malabarismos con tareas varias a la vez, solo lleva tiempo reducir la productividad. Mejorar el enfoque quiere decir que aprovecha al máximo los recursos en cada momento.

Un paso a la vez.

Aprende a decir que no

Si tienes muchas tareas acumuladas, tienes que evaluar con cuidado cada una de ellas. Puedes eliminar algunas para que te enfoques en lo realmente importante.

Además de que emprendes tareas, se tiene que evaluar y considerar si encaja en prioridades. Si la respuesta es no, pues no.

Enfocar es dar prioridad a cosas que de verdad importan.

Ten presente la atención plena

Un técnica que es conocida para enfocarse mejor, es la práctica de la atención plena. Algunos especialistas recomiendan dedicar de diez a veinte minutos para practicarla.

Se trata de concentrarse en lo que se está haciendo, observando las sensaciones físicas y emocionales de ese momento. La atención plena se puede aplicar en cualquier hora del día, por ejemplo, mientras se come la comida, mastica y se concentra en sabores y texturas.

La práctica ayuda a reducir las distracciones a medida que surgen. Si se trabaja y se sienten deseos incontrolables de hacer cualquier cosa, la atención plena es algo que ayuda a recuperar la concentración.

Haz deporte

Si haces alguna actividad física tendrás muchos beneficios para la vida, incluso podrás mejorar el enfoque. Es algo vital para que garantices el funcionamiento del cuerpo y que se mantenga el auge de la aptitud para cumplir las metas.

No se habla de correr muchos kilómetros, correr media hora, hacer yoga por veinte minutos o alguna actividad que sirva para aumentar la productividad.

Ponte metas flexibles para el progreso

Ahora que sabemos la necesidad de crear metas para mejorar el enfoque, recuerda que tienes que mantenerla flexible. Al fin y al cabo, todo proceso se tiene que revisar para garantizar el éxito con un objetivo mayor.

Es importante como el seguimiento, lo puedes hacer con planillas como la del mismo Google o con otras herramientas que ayuden en la gestión. La clave es que las veas cada tanto, anotes el progreso y lo que necesitas cambiar.

Ten a una persona que te ayude

Se sabe que definiendo las metas y creando objetivos es difícil que se ponga todo en marcha y procrastinar el trabajo.

Para ayudar en esto, es clave que se busque a una persona de confianza que motive e incluso exija progresos. Pero no se piense en esto como algo malo, pues la función es simplemente ayudar. Esa persona podrá ser un guardián, así como puede serlo tú para ella, con alguien ayudando y exigiendo, dedicando un objetivo más difícil para que pierdas el enfoque.

Organiza la agenda

Es normal olvidar hacer algo en el día, pero muchas veces los olvidos pueden significar que se deje algo importante sin hacer.

Por eso es bueno que se tenga una agenda organizada, lo que se torna imposible de olvidar las cosas. Tener una buena agenda es fácil, pues en la red se hallan una gran cantidad de aplicaciones que ayudan.

Para poderse organizar hay que tener horarios, enfocarse en lo que sea necesario para terminarlas. Si tachaste algo de la agenda puedes hacer una pausa y recompensarte haciendo algo que te guste.

Practica siempre

Fortalecer el enfoque no es algo que suceda en un abrir y cerrar de ojos. Se requiere tiempo y práctica para volverse una persona centrada y que no se pierda el objetivo.

Hay que descubrir todo lo que se obstaculiza, pueden ser notificaciones de correos o alguien interrumpiéndose a cada rato. lograr valorar más el tiempo y trabajar para cambiar lo que toque.

Tienes que trabajar el enfoque y verás que vas a conquistar los objetivos.

Descubre tu propósito

El SEAL trabaja este punto en el entrenamiento integral y el desempeño que impulsa los recorridos por medio del crossfit, vista remota, tai chi, chi gong, pranayana, meditación consciente, vista remota, silencio sagrado, silencio apache y muchos más.

Todo esto tiene un impacto importante en la forma de ver el mundo y en la forma en la que trabaja la mente y el beneficio de todo esto. Aquí hay algunas interrogantes para determinar si vas por el camino correcto.

¿Qué es lo que has condicionado a pensar que deberías hacer con tu vida?

¿Qué es lo que realmente crees que deberías hacer con tu vida?

¿Qué es lo que sientes realmente que deberías hacer con tu vida?

¿Hay una pequeña voz de duda dentro de ti que sugiere que estás en el camino errado?

¿Es la misma voz que te empuja con la sensación de que vas por el camino correcto?

¿Por qué crees que estás aquí?

¿En qué crees que deberías enfocarte si nada te detiene?

¿Qué harías distinto si supieras que apenas te queda un año de vida?

¿Qué haces con la introspección?

Todo esto es algo lleno de mucho poder y que motiva a dejar una carrera que te puede estar consumiendo. Hacer esto ofrece una guía posible para seguir el sueño.

Todos recorremos el propósito de vida. Asumimos que encontrarlo es llevar una vida llena de pasión, haciendo lo que nos hace totalmente felices. Más importante aún, con un trasfondo que va más allá de nuestro beneficio.

La cuestión es que muchas personas no tienen idea de qué hacer con la vida y se sienten mal por esto. Olvidan que la vida se trata de descubrir, probar, intentar, y finalmente crear un proyecto que nunca va a tener final. Que siempre se puede mejorar.

El propósito de vida no se encuentra es algo que se construye. El propósito de vida no es algo que se encuentre, sino algo que se construye. El optar por una actitud pasiva frente a descubrir lo que te apasiona no es el mejor plan para crear una vida ejemplar.

No sirve de nada que te sientes a pensar en lo que desperdicias la vida, asume que los otros tienen resuelto el futuro mientras que estás estancado en un trabajo que no te gusta, donde la única felicidad son los fines de semana y las vacaciones de un par de semanas al año.

Entonces, ¿qué es lo que necesitas para dar con ese propósito de vida?

El objetivo de esto es que descubras los consejos que hay para que los apliques día a día de un modo que no solo aprendas cómo ser feliz en la vida, sino que encuentres el motivo que te haga pararte a diario.

Inteligencias múltiples

Puede parecer contradictorio, la mejor manera de dar con el propósito es que apliques metodología de descarte, esta plantea que en un comienzo no se sepa qué hacer sino lo contrario, saber qué no hacer. Hay que identificar qué es lo que no te gusta.

Todas las personas tienen debilidades y fortalezas, temas que llaman la atención mientras que hay otros que no interesan para nada, esto se le puede llamar inteligencia múltiple. Lamentablemente una de las razones por las cuales no se encuentra el propósito de vida es porque la sociedad ha hecho que las personas se preocupen por lo que hacen mal y no por lo que tienen talento.

Un ejemplo de esto es que no es extraño que un niño que le vaya bien dibujando, pero sea malo en números, lo obliguen a estudiar matemáticas y no hacer técnicas de dibujo, porque nos han enseñado que hay que reforzar los aspectos que tenemos como debilidad.

Esta idea te lleva a saber un poco de todo, a la vez no sabes nada en profundidad.

Cómo construir un propósito de vida

Antes de que entremos en estos pasos para encontrar el propósito de vida es que dejes de buscar complacer a los demás, al igual que quererlos a todos. Más bien te tienes que enfocar en las actividades que despiertan tu interés, porque representan un terreno óptimo donde se puede hacer el propósito.

No te compares

Nadie tiene el futuro resuelto. Las personas andan pendientes de lo que hacen los otros, del dinero que ganan, de los trabajos que sueñan y del crecimiento personal que han tenido.

La sociedad nos enseña a vender el presente, desde imágenes publicadas en Instagram hasta apariencias que no muestran la realidad de las personas. Una cosa es lo que dicen y otra la de la realidad que vemos todo el tiempo.

Entonces, te tienes que centrar en el proceso y dejar de pensar en que los demás han resuelto la vida, ten por seguro que ellos están como tú, sin saber bien lo que hacen, con muchas dudas y apariencias que esconden miedos.

Al entender que cada uno tiene sus batallas, que cada día es una oportunidad que tenemos para ganarla, vas a tener la libertad para buscar calmadamente lo que quieres hacer con la vida.

El trabajo es un medio, no un fin

Cuando piensa en el trabajo como medio, no como fin, entiendes que ese trabajo no termina de llenarte, es una experiencia más que vives, mala o buena, la cual te enseña muchas cosas

¿Cómo aprovechar las situaciones? Identifica lo que puedes aprender del trabajo actual, porque esto es elemental para encontrar el propósito de vida, recuerda que lo primero es que sepas lo que no te gusta.

Se tiene la convicción de que no todo lo relacionado con el trabajo es malo. Hay que saber aspecto que disfrutas y te llenan. Sea con los compañeros o con el ambiente laboral, entre otras.

La labor es que se encuentren cuáles son estas, igual sucede con lo que se disfruta hacer. Tener esto claro pone una posición ganadora de acuerdo al futuro, porque sabrás en qué campos te enfocan y en cuáles no.

Define lo que no te gusta hacer

Tal como se vio en el pasado punto, te tienes que preguntar por eso que te da pereza hacer en el trabajo, en la escuela o en la vida.

¿Disfrutas hablar con personas?

¿Hablas de temas como música, meditación, finanzas, programas de TV?

Si no te gusta, lo escribes, de este modo te haces consciente de lo que puedes hacer o sentir.

Cuando lo tengas claro, habrás eliminado las opciones dentro de la búsqueda del propósito de vida. Entonces aparecen preguntas claves y determinantes que tienes que hacerte en un punto.

¿Qué harías totalmente gratis por un mes?

¿Cómo le puedes sacar dinero a esta actividad?

Prueba cosas nuevas

Antes de que tomes una decisión te tienes que dar la oportunidad de probar cosas nuevas. Para esto tienes que usar el tiempo libre con eficiencia.

Muchas personas viven satisfechas con la vida que tienen, pero no hacen nada, se quejan desde el mueble, con un móvil en la mano, envidiando la apariencia de las redes sociales.

Son soñadores frustrado, tienen la solución en el tiempo libre, pero prefieren quejarse porque es más fácil actuar con base en la búsqueda de un propósito.

Mira a ver qué haces en el tiempo libre, ve a cursos de temas que te atraigan, compra libros de algo interesante, aprende a escribir blogs, allí compartes lo que te gusta, conoce a otros de otros campos de conocimientos.

Define las mejores habilidades profesionales que tienes

Si quieres dar con esa carrera que amas, debes arrancar desde la identificación de las fortalezas, las habilidades que permiten que te diferencies de los demás.

Para que lo puedas hacer, ten presente estos pasos que consisten en tres preguntas que tienes que hacer para identificar el propósito de vida.

¿Cuáles son mis habilidades?

Comienza escogiendo de 5 a 10 personas que sientas que te conocen mejor y las divides en dos grupos.

Grupo 1: reúne a los amigos con los que te conectas desde lo más profundo del ser, con los que compartes valores, principios y visión de vida.

Grupo dos: tendrás a las personas con las que eres cercano, pero que se diferencian de personalidad, sea por el estilo de vida, proyectos o trabajo.

Pregunta a capa persona de cada grupo cuáles creen que son sinceramente las fortalezas y habilidades y cuáles son las debilidades.

Aquí es importante que tengas presente dos cosas:

- Tener una investigación de mercado sobre las habilidades.
- Generar un ambiente donde sean totalmente sinceros contigo.

Puede que debido a que te quieren los amigos, estos no te quieren decir la verdad, porque sienten que te van a lastimar o te harán pasar malos momentos. Sin embargo, entre más rápido te des cuenta en lo que eres bueno, más rápido te enfocas en lo que es importante, en el propósito de vida. Así que a aguantar un poco el dolor.

¿Cuáles son mis fortalezas?

Es imposible que tengas visiones románticas de las habilidades que te han llevado al éxito en la vida.

Mira esto así, piensa en que puedes ser un gran estudiante por arriba del promedio, pero sin tener interés por la academia.

Podrías ser muy bueno jugando fútbol, pero no es lo que quieres hacer por el resto de la vida.

El que no tengas visión romántica sin duda te ayudará a que encuentres el propósito de vida, porque implica que uses las fortalezas como base para identificar talentos que antes no conocías.

Tal como se ha mencionado, el hecho de que algo no sea lo que quieres para tu vida, no quiere decir que no puedas tener habilidades y fortalezas para desarrollar la actividad. Como ejemplo, el hecho de que no te guste el fútbol no quiere decir que la habilidad para trabajar en equipo no sea importante, así que no pierdas las habilidades, úsalas para encontrar el propósito de vida.

Le puedes preguntar a extraños:

Usa todo el potencial que tiene internet, usa las redes sociales, haz videos o publicaciones, pregunta a las personas que te siguen y que tanto has repetido.

Luego de que colectes la información por medio de estos pasos, vas a tener el criterio y las bases para tomar buenas decisiones. Cando tienes claras las habilidades sabes que eres bueno en eso, tienes en cuenta los criterios y consejos de los amigos, y puedes definir muchas cosas en tu vida.

Así podrás tener muchas oportunidades, por ejemplo:

- Tener un empleo nuevo según habilidades.
- Aprender cómo arrancar un negocio propio en el tiempo libre.
- Encontrar un socio que complemente las habilidades y fortalezas y trabajar con ellos.
- Tener una empresa con los amigos que te complementan.
- Comenzar a ganar dinero por internet y hacer lo que te apasione.

Sigue tu curiosidad

No importa lo que hayas encontrado si tienes o no el propósito, es primordial que sigas las cosas que te llamen la atención, no importa que no lo hayas intentado, porque la idea es que descubras intereses menos obvios.

Para lograrlo tienes que salir de la zona de confort. Cuando tienes la iniciativa de seguir los intereses poco comunes, sales de la comodidad y te abres mentalmente a la posibilidad de explorar nuevas cosas.

Este es un ejemplo, la curiosidad de Steve Jobs por las tipografías, esto lo llevo a ir a una clase de tipos de letra que parecía inútil para algunos, pero en realidad era para desarrollar sensibilidad de diseño.

Esa sensibilidad sirvió para verse en los ordenadores de Apple y marcó diferencia en la marca.

Que el dinero no sea lo único que motive

Si andas buscando el propósito de vida y pasar los años haciendo algo que te gusta, la mejor manera de comenzar es que se trate a las preocupaciones financieras como algo secundario.

No se dice que con esto las finanzas no sean importantes, es clave que aprendas cómo ahorrar dinero, tener ingresos nuevos y administrar el capital.

Si limitas el propósito de vida a la cantidad de dinero que puedes ganar, es difícil que encuentres algo que ames.

La idea es trabajar primero en las finanzas de manera que tengas libertad, así sea en el tiempo libre, de que explores los otros intereses y gustos, al igual que aprender la manera de ganar dinero rápido.

Diferencia entre placer, pasión y propósito

Hay unas diferencias entre estos, lo deja bien claro Tony Hsieh en el libro Delivering Happines, donde dice que hay varios tipos de felicidad.

- El placer: es la felicidad a corto plazo, donde se disfruta en el instante y que despierta las cosas materiales.
- La pasión: es la felicidad que implica un mayor compromiso,

nos hace sentir que el tiempo vuela y que lo demás se pierde con la importancia para nosotros.
- El propósito: finalmente y más importante es que la felicidad es la que debemos buscar a diario, se halla cuando hacemos parte de algo grande, más que nosotros mismos.

El propósito es algo que se convierte en una razón para pararse temprano cada día, para sacrificar cosas que nos gustan y que encima de todo le da sentido a la vida. Para hacer el propósito de vida se tiene que tomar decisiones y a la vez renunciar a muchas otras.

Es así, que esto es algo que les pasa a muchas personas, es que cuando no se tiene pasión o no se construye el propósito, se anteponen lo urgente por encima de lo importante.

Es bien que cambies, que te retires y pruebes otras cosas.

Es normal que en cada búsqueda y construcción de un proyecto de vida que admires, cometes fallas, emprendes camino que con el tiempo no eran los correctos o simplemente cambies de opinión.

El hecho de que tomes una mala decisión no significa que lo hagas mal, es un proceso donde las malas decisiones también tienen su lugar.

El hecho de que aún no tengas esto del todo claro, no implica que tomes decisiones, cambies, hagas o renuncies con lo que es necesario.

Muchas veces encontrar propósito de vida exige que tomes riesgos que confíes en ti mismo, y des un paso a lo que no conoces.

El propósito no es un golpe de suerte, es una disciplina

El propósito de vida no es algo que puedes encontrar de la noche a la mañana. No es lo que pueda llegar después de pensarlos por una mañana o luego de conversar.

Como puedes ver en este capítulo, el propósito de vida forma parte de la disciplina.

Es el resultado de estar siempre buscando actividades nuevas, oportunidades de negocios, conociendo nuevas personas cuando encuentres lo que te interese. Dedicarte a hacerlo y perfeccionarlo.

Este es el resultado de tener disciplina para decir no al resto de las opciones, para rechazas caminos fáciles y tener una visión a largo plazo. La grandeza requiere de tiempo, dedicación y esfuerzo.

Cuando te comprometas, entenderás el propósito más allá de trabajar poco a poco o de hacer algo que te agrade, es contribuir de un modo con las personas que tienes alrededor.

Determina tu camino

Que desarrolles habilidades como disciplina, dedicación y adquirir la capacidad de un alto desempeño, requiere estar en sintonía con el verdadero yo. No una versión embrollada de lo que otros piensan de ti. El no tener claridad y autoconciencia te hacen perseguir metas que otros te imponen, con una vida de éxito corporativo puedes tener mucho, pero a la vez no tener nada. Puede que sientas que estás en el camino equivocado, la única manera de volver al camino correcto es que te hagas autoconsciente. Comienza con las preguntas enlistadas en este apartado.

Las personas que tienen un gran propósito vital, fuerte, definido, tienen más éxito. son más felices y además encuentran fuerzas necesarias para poder vivir más que los otros. aunque no sepas del todo lo que quieres hacer con tu vida, hay una serie de pasos que puedes seguir para que encentres el camino.

Recuerda tus mejores momentos

Para poder definir la razón de ser en el mundo, puedes comenzar analizando las distintas etapas de la vida. Las experiencias te aportan felicidad y allí tienes que buscar cómo sentirte más útil. ¿Has dejado de hacer cosas que eran claves para sentirte bien?

Hay muchas pistas para que reencuentres el sentido de la vida en la niñez, cuando podías permitir las paciones con toda libertad y dando siempre lo mejor.

Recuerda lo que eras en la niñez, lo que querías ser.

Dos preguntas que debes hacerte

El británico Ken Robinson, quien es educador y conferencista, relaciona la vocación con identificar el propio Elemento, aquel ámbito o actividad que nos hace sentir en nuestro terreno. Estas son las dos preguntas clave:

- ¿Qué se me da bien hacer?
- ¿Qué disfrutas haciendo?

Si ambas preguntas te llevan a un mismo destino, ese es tu Elemento.

Algunas personas se sienten cómodas y realizadas enseñando a otros, mientras que hay las que disfrutan más ideando proyectos en la soledad.

Hay que reconocer cuál es el Elemento, porque probablemente la misión de vida se encuentre en ese ámbito.

¿Qué te motiva a vivir?

El fundador de Logoterapia Viktor Frankl tiene una historia, dice que ayudaba a sus pacientes a reencontrar el significado vital con una pregunta provocadora.

Tras la sorpresa todos comienzan a enumerar cosas valiosas aún pendientes. Como el deseo de ver a la hija terminar la universidad, el sueño de encontrar a una pareja, el que antes de morir se quiera aprender a tocar el piano.

¿Ya ven cómo tiene sentido la vida?

Lee biografías inspiradoras

El ser humano aprende por imitación, no solo en la primera juventud, porque la primera vida entera es una formación continua.

Si nos encontramos en un momento donde no hallamos sentido a la nada, puede ser un revulsivo leer libros de personajes con existencias muy significativas.

Se dice que el mismo Benjamin Franklin se inspiraba en personajes históricos a los que admiraba y los trataba de incorporar a su visa con los valores que iba viendo en ellos. Es lo que Newton denominaba estar a hombros de gigantes.

Mira a ver qué es eso que no quieres hacer

Si alguien no tiene idea de qué quiere hacer ¿cómo encontrar entonces el sentido de la vida?

Alejandro Jodorowsky creador de la psicomagia y autor de innumerables libros, dice que, si no sabes lo que te gusta, comienza tomando nota de lo que te gusta, porque por eliminación llegarás al Elemento o misión.

Es una técnica que se recomienda a escritores que padecen bloqueos ante la hoja en blanco, si no tienes idea de por dónde seguir, apunta lo que sabes que no va a suceder, de esta manera llegarás a lo que sí sucede al final.

Déjate contagiar

Muchas cosas que se pueden dotar de significado en nuestro día a día, necesitan la participación de los demás. Así como los alpinistas avanzan en grupo para alcanzar la cumbre, se pueden ayudar y confiar los unos en los otros, las misiones tienen más fuerza si se hacen con buena compañía.

Los amigos que leen la primera obra de un escritor que comienza, unos viajeros apasionados, gente que hace cosas por salvar el planeta…

Tal como diría Ferran Ramón Cortés, las emociones son contagiosas, como lo es el deseo de seguir un propósito vital. Por eso es esencial saber rodearse de gente que tenga una vida con sentido.

Spoiler para esa vida que viene

Mario Reyes, quien es escritor, propuso una técnica lo más de interesante para darle sentido a la existencia. La idea es que se escriba una carta sobre nosotros, imaginando lo que desearíamos que un amigo o un hijo dijera de nosotros en el funeral. En el texto le damos libertad para inventar toda la existencia y los valores por los que se sentiría orgulloso ese ser querido.

Después de leer este homenaje ficticio, el otro paso es que se replantee la vida para que corresponda con ese ideal.

Desarrolla y define el ikigai

Este es un concepto japones que se traduce como "la felicidad de estar ocupado" y la vedad es que los centenarios de Okinawa presumen de no retirarse nunca, encontrando siempre tareas de valor para hacer con la comunidad. A cualquier edad, quien tiene un motivo por el que saltar de la cama, va a encontrar una motivación para vivir un día más.

El inmortal autor Cary Grant decía esto:

"Mi fórmula para vivir es muy simple. Me levanto por la mañana y me voy a la cama por la noche. En medio, me ocupo lo mejor que puedo"

Ten una vida libre de venenos

Así no hayas encontrado sentido de la vida, para poder seguir en la búsqueda es importante que evites todo lo que puedas para descargar las pilas vitales.

Ver la televisión por inercia, gastar horas en las redes sociales para matar el tiempo, compartir el ocio con personas que no te interesan, todo esto es un veneno para que te motive, porque nos agota antes de que hayamos podido usar la energía en lo que merece la pena.

Al igual que los deportistas de elite que evitan la mala nutrición, la aventura de crear la propia vida, exige una dieta de todo lo que nos dé valor.

Sustenta el objetivo con un estilo de vida saludable y apoyo de los demás

Por mucho, si la vida está en el camino errado, no tienes la energía para incluir un programa de salud como parte de la vida diaria o para alimentarte con una buena dieta llena de salud y energía. Una consecuencia de una pobre autoconciencia es que la rutina reclama la salud mental, física y espiritual. Una plataforma de autoconciencia que te lleva a un propósito renovado que hace que cuides el cuerpo de manera obsequiosa.

Lo bueno es que vas a estar animado por estar en el verdadero camino que la energía no tendrá problema. La clave es que emplees esto y te comprometas con un estilo de vida saludable con ambos.

Si esto es un problema para ti, no lo hagas solo, a lo mejor la atribución más importante a los Navy SEALs es la importancia de la palabra equipo. Encuentra un grupo de personas que piensen como tú y te apoyen, así como no solo estás en el camino si no te mantienes en él.

Cómo ser positivo mientras te ahogas

¿Te imaginas teniendo pensamientos positivos mientras te ahogas? Los SEALs de la marina sí que saben cómo hacerlo.

Dentro de las pruebas de un SEAL está la de la piscinas, donde los reclutas tienen que mantenerse bajo el agua por veinte minutos. Ellos están equipados con tanques de oxígeno para el aire, todo lo que deben hacer es mantenerse bajo el agua sin subir. Se ve simple, la trampa es que constantemente son acosados por los instructores que les cortan el aire de las máscaras por periodos dolorosos, pero no mortales. Les aplica otras formas generales de acoso para que suban a la superficie. El trabajo de ellos consiste en que no se defiendan ni que entren en pánico. Que aguanten hasta que el tanque termine sin dejar de estar nunca bajo el agua y esperar a que el otro ataque llegue.

Los soldados cuentan con cuatro oportunidades para pasar esta prueba de clasificación. Solo uno de cada cinco lo logra en el primer intento. La principal razón de suspenso es el pánico, no tienen autorización para tener pánico.

No importa lo agitada que sea tu vida, porque no puedes ser mentalmente más exigente que esto. Tienes que tener la misma fuerza de voluntad peor en versión light. Eric Davis, quien es autor de "Raising Men: Lessons Navy SEALs Learned from Their Training and Taught to Their Sons", es un ex SEAL veterano, con condecoraciones y reconocido como uno de los instructores de más alta clase en los francotiradores. Su libro en realidad se trata más de paternidad, cuenta algunas cosas que aprendió en sus 16 años en el cuerpo. Entre ellas está la frase común en la formación SEAL: vale la pena para ser un ganador y que según reza el mantra que repiten los soldados mientras sufren.

La verdad es que los estudios estiman que tenemos conversaciones mentales siempre en las que nos decimos de 300 a 1000 palabras a nosotros mismos por minuto.

El entrenamiento SEAL se asegura de que la conversación sea positiva todo el tiempo que se pueda o como mínimo no haya conversación. Puede parecer una tontería, pero la verdad es difícil decirse cosas positivas a uno mismo cuando se es alguien negativo y se está en una crisis. El pánico es lo decisivo que no beneficia a nadie y la negatividad causa pánico, por eso parece que el entrenamiento realmente funciona.

El profesor de la Universidad de Pensilvania, Martin Seligman, habla de pesimismo en su libro Learned Optimism.

"La característica definitoria de los pesimistas es que tienden a creer que los eventos malos van a durar mucho tiempo, lo socavarán todo y son siempre por propia culpa. Los optimistas piensan acerca de la desgracia de la manera opuesta. Tienden a creer que la derrota es temporal, que sus causas se limitan a este único caso y que la derrota no es su culpa sino de las circunstancias, la mala suerte o un suceso meramente aleatorio".

La verdad, esto es muy sencillo, apenas llega al 40% David Goggins, además de ser veterano de la marina SEAL es titular del récord mundial de flexiones hechas en 24 horas 4025 flexiones y el quinto clasificado en el Badwater, una ultramaratón celebrada cada mes de Julio en California, Estados Unidos, con salida en la Cuenca Badwater y llegada en el Monte Whitney. Es proclamada la carrera más dura del mundo. se dice eso, cuando la mente te dice que ya no puede más, realmente estás con un 40% de batería.

Puede parecer que se habla como si fuera una publicidad, pero es más que una declaración de motivación, la ciencia respalda que estamos capacitados física y mentalmente de lo que creemos. Por ejemplo, los investigadores encontraron que los sujetos encontraron un placebo, pero se les dijo que era cafeína. Pudieron con esto levantar más peso que a esos a los que sí se les dio cafeína. Claro, todos tenemos límites, pero cuando la mente te dice que no, a veces te lo dice demasiado pronto y cuando tratas de mantenerte fuerte por unos minutos más, resulta que puedes más.

Por otro lado, la fuerza de voluntad en casos extremos sabe enfrentarse con el ahora. Mark Spitz, quien tiene medalla de oro olímpica en natación dice que trata de hacer lo mejor que puede para una prueba, que no puede pensar en mañana.

En un estudio de Harvard se muestra que las personas que tienen metas tienen diez veces más éxito que los que no tienen metas y los que anotan tres veces más probabilidades de lograrlas que los que no lo hacen. Pero esto es algo que aplica si la meta se puede alcanzar.

Normalmente nos parece difícil lograr los objetivos del día, en algunos casos ya es bastante salvar el pellejo hoy. Por lo tanto, los olímpicos y los soldados usan la visualización para lograr los objetivos. No se imaginan en la línea de meta mañana ni la otra semana, esto no es eficaz, se les enseña a visualizar a sí mismo teniendo actividades una por una y pasando por los movimientos que se tienen que hacer, se trata de visualizarse haciendo las tareas, el proceso, no el final.

SÉ DISCRETO COMO UN MARINE

El cuerpo de elite de la marina tiene un código no escrito pero que es eficaz, ser discreto en las misiones.

Los SEALs de la marina tienen este código. Ser profesionales discretos. Es algo que afirma Chris Heben, un ex SEAL con diez años de experiencia en misiones en Afganistán, Medio Oriente y África. Dice que aquí no hay espacio para la fanfarronería, que hablar de las misiones lo que hace es dañarlas y que se muera la gente.

A lo mejor los miembros del equipo especial enviado para acabar con Osama Bin Laden en Pakistán, no hablen del papel que tuvieron en esta misión. Sin duda el apego al secreto, incluso entre las autoridades de Estados Unidos tiene un papel vital para el factor sorpresa en las misiones de éxito.

Hay funcionarios de administración que se han negado a revelar la composición de los equipos que mandan a misiones.

En muchos medios se ha visto, incluso el New Yorker, Huffington Post y ABC News, han reportado que el grupo se conoce como el Team Six, una banda confidencial de operativos que nadie conoce y que viajan a misiones en el momento en el que se les indica. Por lo general no están informados sobre quién es el objetivo hasta que la misión está cerca.

Los ex SEALs que han entrevistado, han sido cautelosos en la descripción de cómo operan el Team Six, y otros equipos especiales dentro de las asignaciones de los SEALs. Generalmente los SEALs seleccionado para este tipo de misiones especiales son elegidos por los superiores por alguna habilidad que los haga distintos. Aunque deben ser capaces de asumir tareas del otro miembro sin que este se lastime o muera.

Deben ser más que guerreros especiales, hay que formar parte de un equipo especial que significa que se ha consolidado como un operador maduro y estable con una serie de misiones sensibles y de gran riesgo en el mundo real.

Los que están detrás de las misiones nunca le han dado razón a nadie para dudar de que son confiables y concentrados. Son lo mejor de lo mejor.

Esa imagen de un SEAL arrastrándose por la jungla son cosas de películas de guerra. Aquellos que no superan el entrenamiento SEAL, son los que quieren jugar a ser Rambo. Si no se puede trabajar en equipo, y funcionar con autonomía, no se va a durar mucho.

La fuerza de combate que se conoce como los SEALs de la marina, tienen origen en la Segunda Guerra Mundial cuando Estados Unidos se dio cuenta que para invadir Japón requería de inteligencia, pensamiento rápido que pudiera desempeñar reconocimiento en el mar.

Más allá de las experiencias, las tropas necesitaban tener una fuerza física increíble. Se hicieron conocidos como las tropas sabelotodo, podían pasar por el río Yangtze de China, disfrazados de habitantes chinos en 1945 o dirigir operativos de demolición en túneles de trenes y puentes a través de la costa coreana en la guerra coreana.

Los SEALs obtienen el nombre hasta luego que el presidente Kennedy habla sobre la admiración a las fuerzas especiales el deseo de que el ejército de Estados Unidos se enfoque en mejorar la capacidad para hacer operativos bélicos no convencionales, antiguerrillas y clandestinos.

Había una nueva e insistente necesidad de técnicas militares más avanzadas durante la época. Entre otras misiones los SEALs se despliegan para actuar como asesores y entrenadores de comandos vietnamitas del sur.

Vietnam es la primera guerra que transmite ampliamente por TV y otros medios, se mete en la cultura popular para el consumo, solidifica la imagen de los SEALs como tipos rudos, con gran reputación por los informes sobre la capacidad para enfrentarse cuerpo a cuerpo con el Vietcong, así como historias de colaboración con la CIA.

La relación entre la agencia de inteligencia estadounidense y las tropas de elite fue crucial para recaudar información de inteligencia en tiempo real para misiones que a veces se llevan a cabo de último minuto, a lo mejor un activo más importante que nunca. La guerra contra Al-Qaeda implica tanto conseguir información como ganar en el campo de batalla.

Los SEALs han tenido muchas batallas, en el conflicto de Vietnam logran una operación encubierta llamada programa Fénix, el cual captura a simpatizantes de Vietcong.

En la guerra de Iraq e Irán los equipos SEAL dirigen misiones para contrarrestar los botes que instalan minas. El primer oficial de alto rango de la marina en poner pie en Afganistán tras dos ataques de 11 de septiembre de 2001, fue un SEAL encargado de todas las operaciones especiales para la Central de Mando, según el sitio web.

El sitio que los SEALs comandan la fuerza K-Bar que supervisa a la Marina, Fuerza Aérea y Fuerzas de Operaciones Especiales de la Coalición al inicio de la operación libertad duradera, la cual lleva a cabo más de 75 misiones especiales de reconocimiento e intervención directa. Se destruyen más de 500 mil libras de armas y explosivos, se identifica personal enemigo y conduce operaciones de búsqueda de terroristas que buscan huir por mar.

El despliegue más grande de SEALs en la historia se da durante la Guerra de Iraq cuando SEALs dirigen misiones que incluyen aseguramiento de estructuras petroleras al sur de la península Al Faw, así como terminales de gas y petróleo costa afuera. Despejan canales críticos para que la ayuda llegue al país. Varios terroristas de alto perfil son capturados por los SEALs incluyendo a Ahmed Hashim Abed, la supuesta mente maestra de la mutilación de cuatro guardias de Balckwater en Fallujah Iraq en 2004.

La gran misión que hacen ellos recientemente es en 2009, cuando un equipo SEAL rescata al capitán del barco de carga Maersk Alabama, el que es secuestrado por piratas somalís fuera de la costa de Somalia.

Francotiradores SEAL están en la cubierta dl barco y dispara en tres ocasiones matando a tres piratas que custodian al capitán.

El entrenamiento SEAL es la prueba final para un hombre. Son casi dos años los que ellos pasan entrenando, llegando al punto cumbre de entrenamiento en la Semana del infierno.

La disciplina de los SEAL es intensamente satisfactoria, cuando cazan a Bin Laden van en la noche, cuando la luna está escondida. Esto no es azar. Evaluaron un posible ataque desde una escuela pakistaní que está a poca distancia del complejo que previeron distintos escenarios para dar el ataque y evitar bajas civiles.

Un SEAL no deja nada al azar, un blanco es un blanco, es un objetivo, misión que tienen que cumplir con el entrenamiento que arrastran. Sin importar el enemigo que tengan. Ellos lo confrontan y les ganan.

El problema de la falta de discreción

El inmenso problema que tiene la falta de discreción es que no tiene vuelta atrás. Las palabras no se las lleva el viento, aunque te disculpes, lo que dijiste ahí se queda. Es difícil ganarse la confianza de las personas, cuesta ser alguien en quien puedes confiar, pero solo con unas palabras se puede echar a la basura la reputación. Una frase o una conducta imprudente acaban con todo y dañan las opiniones que tienen los demás.

Ser prudente es ser confidencial con información ajena, con la personal o tener cuidado de no lastimar a otros con comentarios que puedan ser hirientes. Ser prudente es estar en un sitio y ser discreto, la prudencia es estrecha y relacionada directamente con la capacidad para valorar las consecuencias de los actos y lo que dicen. La persona que se comporta con prudencia hace análisis de impacto que pueden tener lo que diga o lo que haga. Caso contrario, la persona imprudente no mide, no evalúa, no tiene las consecuencias en cuenta. Quien consigue comportarte con prudencia hace análisis de impacto en lo que pueda decirse o hacerse. La persona imprudente no tiene en cuenta consecuencias de lo que comparte. Hoy en día, con la exposición a la que nos sometemos, es un peligro, puede arruinar una idea profesional, dejarte en ridículo, perder un trabajo, perder amigos.

La sociedad de hace treinta años era mucho más prudente, cuando no había redes sociales se compartía con menos personas la información. No había tanto acceso a todo ni nos llegaban noticias por las redes donde se veía la imprudencia y lo que antes era privado ahora es público. Las generaciones de ahora se educan en este medo y no distinguen o que es correcto y lo que no lo es.

Hay muchas fórmulas para conocer el contenido desde el primer mensaje que se puso hace años en la red. Lo inteligente es actuar prudentemente para no terminar como una persona que se cierra sus puertas, nadie quiere tener como compañero de trabajo a un amigo o persona que no mide lo que hace. Al tener amigos colegas prudentes y discretos te sientes seguro y protegido, puedes mantener relaciones de confianza sin miedo a que te traicionen o se vayan de la lengua.

Sé discreto con tus objetivos

Cuando tengas un deseo o propósito en mente, tienes que ser cauto, prudente, cuidad con quien compartes los anhelos, porque, aunque no lo creas hay en exceso apagadores de e ilusiones, los que llenan de envidia las ilusiones, los que envidian los sueños, los que se adelantan en esos mismos objetivos y claro, las personas que más tarde te juzgan en base a lo que hayas alcanzado. Algo que todos sabemos es que no siempre es sencillo identificar a las personas dignas de confianza. Es más, lo que hacemos muchas veces es poner en las manos, mentes y corazones de otros la visualización de un todo un proyecto vital, ejemplo de ello serían esas veces donde buscamos la cercanía de los padres y hermanos para comentar con ellos lo que queremos lograr, emprender el viaje, arriesgar todo con esa relación.

El mejor modo de saber si puedes confiar en alguien es confiando tú en esa esa persona. Al poco y casi sin que se espere, aparece la mueca de escepticismo, la mirada que ironiza y la palabra que corta la efervescencia de las ilusiones. Saca eso de la cabeza, es una tontería, te digo esto porque te quiero, pero lo que piensas no es para ti, ten objetividad y abandona esa idea.

Esa y otras más son las que aparecen y que se tienen que enfrentar. También están los que andan supuestamente de nuestro lado, que no dicen nada, se cree contar con su ayuda, con su complicidad y cercanía, sin embargo, en el momento que menos se espera, aparece la decepción o traición.

¿Por qué lo hacemos? ¿Por qué a veces erraos a la hora de compartir los deseos y anhelos de las personas?

No es tu culpa, el ser humano está programado para confiar en otros a muchos nos suena la clásica situación de la persona que desea ascender en el trabajo y lo comenta con el compañero de departamento a la hora del café. Para el almuerzo, toda empresa conoce ya lo que se tiene entre mano. ¿Tenía que ser más prudente esta persona? ¿Tendría que haber aplicado, algún filtro con el cual anticipar posibles consecuencias de la revelación?

La respuesta es no y es sí, no en primer lugar porque según la neurobiología, todos estamos programados para confiar en los demás. Lo mismo es lo que nos explica un trabajo publicado en The Journal

Neurosciencie, donde se pone en evidencia que la confianza es básica para la vida social, porque de lo contrario su temiéramos ser traicionado a cada momento, estaríamos sometidos a un gran estrés.

Por otro lado, sucede que podemos pecar de cierta falta de cautela, o mejor dicho, de no ser competentes a la hora de aplicar las tres reglas que definen la dinámica de la confianza o de ser buen confidente. Te explicamos lo que tiene.

El tema de la confianza

Ante las dudas lo mejor es ser cauteloso, lo que nos sucede muchas veces sale de la ilusión del proyecto y de la chispeante emoción del proyecto novedoso que hace que abramos demasiado los filtros hasta el punto de compartir con personas que no convienen.

Es bueno que se sea prudente y se apliquen estos principios:

La fiabilidad es sin duda un pilar. Confía en los deseos y sueños con quien te haya demostrado en otras ocasiones que es de fiar, que no te juzga, que te acepta en todo momento por cómo eres.

Conexión emocional autentica, esta otra dimensión obliga siempre a confiar en las personas con quienes se tiene intimidad emocional real y duradera, pueden ser pareja amigos…

La última clave tiene que ver con la empatía afectiva y con la empatía cognitiva, no basta con que se contagien las ilusiones, los sueños y la alegría contenida. Se quiere que se entiendan lo que pensamos, que sean capaces de comprender nuestra perspectiva.

Bien en ocasiones puede suceder que, aun existiendo un tridente de confianza, la persona falle. Que el amigo de toda la vida lo haga, nos falle o que la familia reacciones de forma opuesta a cómo esperamos en el inicio. El saber cómo actuar en estos casos, va a ser de gran ayuda.

Esas amistades que nos fallan

Los amigos caducan, se apagan como luz de un sol viejo, cuando nos damos cuenta, cuando el primer viento frío que trae el otoño luego del verano.

Cuando nos fallan las personas

Las personas nos fallan, pero a veces también nosotros fallamos. Todos podemos llegar a transmitir si nos empeñamos en ellos, la sensación de ser perfectos y falibles a la vez, por eso con el tiempo vamos desarrollando cuidado, n ben hacer que se basa en la discreción y en esa cercanía limitada pero acertada para las personas más especiales, las que han sabido estar en todos los instantes, sin importar si hay viento, marea o días calmados.

Esta sabiduría para comprender con quién debemos compartir las cosas y con quién no llega con el tiempo y la experiencia. Poco a poco entendemos que hay personas expertas en cortar las alas ajenas, habilidosos maestros para robar ilusiones con el fin de que nadie mejor que ellos. Si se osa a ser más libre, con más capacidad y felicidad, es para las personas un sacrilegio.

El tiempo enseña también que es mejor ser discreto, cuidar palabras y luchar por lo que nos gusta, con determinación y en silencio. Hacerlo dejando a un lado las aprobaciones de otros, como las críticas o comentarios que en un momento determinado son como una barrera de púas en el camino.

Hay que aprender por lo tanto a elegir en quién confiar sin olvidar que es la propia confianza en nosotros la que nos lleva a los más altos objetivos, a los más valientes.

La discreción como elemento diario

Cuando estás rodeado de amigos y colegas que son prudentes, sientes que hay seguridad, que puedes tener relaciones llenas de confianza y hay cómplices. No hay miedo a que haya traiciones por la lengua. Vamos a ver cómo es que podemos ser prudentes cada día.

No participes en las críticas

No opines sobre las demás personas que no están presentes, tampoco escuches lo que otros critiquen como un criticón pasivo y callado. Puedes evadirte, decir que te sientes incómodo hablando de otros, es suficiente para que te salgas de las conversaciones tóxicas e imprudentes.

Mira antes de hablar

Muchas personas sin observar, hablan. Se meten en temas de religión, sociales, políticos, futbolísticos. Hablan y dictan sentencia, son los expertos en todo. No miran en qué contexto están. Son personas que despellejan a alguien por llevar velo, por separarse de la pareja, por meterse con el otro o por no meterse. Porque es de un equipo deportivo o del otro. Porque sus hijos no se vacunan o van a X iglesia.

Juzgan y no conocen las opiniones que tienen las personas alrededor. Puede que hiera a otros, todos tienen derecho a la libertad de expresar lo que piensan, pero de una manera oportuna y prudente sin juicios de valor.

No hables de forma dicotómica

Expresa las opiniones y está abierto a la opinión de los otros. no juzga si es bueno o malo lo suyo, solo es una postura más y así lo toma. La flexibilidad mental es clave para ser prudente.

No cuentes secretos a otra persona

Por muchos que creas que estás en un foro seguro, donde ese amigo no te va a traicionar contando los secretos a otra persona. Nunca compartes un secreto, porque en el momento en el que lo hace ya está traicionando al que confió en él.

Una de las grandes desventajas de andar contando secretos es que la persona queda ante los demás como alguien de poca confianza, detestable, no grato y es una de las peores facetas. Además de que entre quienes anda esparciendo chisme deja daños, muchos que no se pueden reparar por culpa de las palabras.

Las críticas siempre han existido, tristemente es parte de la naturaleza humana cuando buscas comunicarte. El problema inicia cuando la comunicación viene de la mano con falsos rumores, suspicacia y mentiras. Esto es lo que se hace realmente molesto un chisme y a quién se lo digas.

En las desventajas por decirle a otros cosas que no tienes que decir, está que caigas en un círculo social que puede fracturarse por las críticas de una de las personas. Todo porque la persona puede conocer detalles personales que pueden ser distorsionados con tal de volverlos interesantes. Esto puede causar daños en la persona del aludido y en su reputación con el instigador del chisme.

La falta de credibilidad de una persona chismosa en su consecuencia severa, porque al saber que gran parte de noticias se difunden como rumores, es entonces cuando los demás se ponen a escuchar historias inverosímiles.

Consejos para dejar de caer en criticar a otros:

- No hagas lo que quieras que te hagan a ti.
- Si no se tiene nada bueno que decir de otros, es mejor que no digas nadas.
- Si hablas con franqueza es mejor, las personas que solo inventan hacen mal.
- La persona chismosa es ávida de atención, pero chismear no solo llama la atención, sino que genera enemigos.
- Si se tiene imaginación para crear historias de los otros, es importante que se ocupe en escribir cuentos, novelas y cosas de ficción. Puedes ser un escritor en potencia.
- Deja de hablar tanto y actúa más.
- No seas envidioso, muchas veces cuando se critica es porque se tiene envidia. Se acaba inventando y diciendo cosas que no son reales. El chisme destruye

No hables a voces

Deja de hablar a voces, no seas un histriónico. Habla con volumen conversacional, gesticula con serenidad, esto es ser educado, sin estar llamando la atención más de la cuenta.

No hables con el cerebro vacío

Las personas imprudentes opinan sobre los otros de lo que no tienen ni la más remota idea. Creyendo que se la saben todas.

Pide permiso antes de dar consejos

No todas las personas quieren que les abran los ojos, que les guíen por el camino o que les den soluciones a sus problemas. Lo mejor es que se pregunte antes de proponer algo que no te han pedido. Pregunta si quieres la opinión que tienes o lo que harías en determinada situación. Pero no seas metido y la des, para algunos puede ser ofensivo.

No digas groserías o chistes de mal gusto

Depende del ambiente en el que te encuentres, especialmente en los de trabajo, hay chistes ofensivos, machistas, racistas, homofóbicos, xenófobos, que puede que no causen ningún tipo de gracia. En general no la tienen nunca, pero menos en ambientes formales donde no es bueno que se llame la atención de ese modo.

No acapares las conversaciones

En las reuniones a veces está esa persona que se queda la conversación, que habla todo como si fuera él dueño del encuentro, tienen que oírlo obligados.

Cuando alguien habla, ellos ponen un tono más elevado de voz para apaciguar al otro, así mantienen el dominio. Este tipo de personas fastidia, es incómodo. No acapares la conversación, es desagradable.

No compartas fotos, comentarios o historias que no te pertenecen sin perdis autorización

Las redes sociales no son un sitio en el que todo el mundo se sienta cómodo, así que antes de esta compartiendo algo que otra persona te haya confiado o sepas por accidente, tienes que pedir permiso para decirla.

A lo mejor ese tema que tienes puede parecerte normal, que es benigno, el compartir una foto puede parecerte bien, pero a otro le puede parecer incómodo y no quiere salir en la imagen. No quiere que se publique.

La confianza es algo elemental en las relaciones personales. Sin ella no podemos mantener buenas relaciones con otros, solo frívolas, superficiales, donde se habla del clima y de poco más. Una gran ventaja de la prudencia es que se logran relaciones de calidad y de respeto.

SÉ UN SEAL DE RESILIENCIA EMOCIONAL

La resiliencia es un tema que se maneja mucho en la psicología positiva, es un valor que va en crecimiento en los planteamientos y las terapias psicológicas. Los medios de información también se hacen eco en esto. Dicen que se tiene que ser resiliente.

¿Qué es la resiliencia?

Boris Cyrulnik, neurólogo, psiquiatra, psicoanalista y etólogo francés, da a conocer este concepto que toma de John Bowlby, autor que describe la conocida teoría del apego en edades tempranas.

Hay que remontarte a la obra de John Bowlby para dar con las referencias tempranas de resiliencia que se define como la capacidad de los seres humanos para superar periodos de dolor emocional y situaciones difíciles, saliendo fortalecido de ellas.

Muchos autores han hablado sobre esto, cada uno le pone un enfoque.

- Concepto genérico que se refiere a una gran gama de factores de riesgo y la relación con los resultados de la competencia. Es producto de una conjunción entre los factores ambientales

y el temperamento con una habilidad cognitiva que tienen niños cuando aún son pequeños. Esto lo dice Osborn en 1996.
- La resiliencia distingue dos componentes, la resistencia ante la destrucción, es decir, la capacidad de proteger la integridad bajo presión y, por otro lado, la resistencia, capacidad para forjar un comportamiento vital positivo pese a las circunstancias críticas. Lo dice Vanistendael en 1994.
- La resiliencia es saber afrontar la adversidad de manera constructiva. El tener el conocimiento para adaptarse con flexibilidad y salir fortalecido del sucedo. Lo dijo la doctora Santos en el 2000.

Todas las personas pueden sobreponerse a los estímulos adversos, pero el uso decidido de esta capacidad nos hace resilientes.

La resiliencia es el arte de rehacerse, esto con relación al otro, como decía Nietzsche "Todo puede ser adquirido en soledad, excepto la salud mental".

Aprender de las situaciones difíciles que sientes que no mereces es posible. No es fácil actuar de este modo en todas las circunstancias, pero se puede aprender a hacerlo. Cada persona lo hace a su ritmo y con su propio estilo.

Se habla de dominios de resiliencia para hacer referencia a formas de ella, como puede ser la social, emocional o escolar.

La persona resiliente social es la que cuenta con competencias sociales, es la que se expresa en competencias adaptativas en el ámbito de la educación y la resiliencia emocional tiene un bienestar psicológico que se mantiene ante las crisis o las situaciones de estrés que pueden pasar en la vida.

Resiliencia y apego

La resiliencia comenzó a estudiarse en niños y niñas que habían pasado la niñez en condiciones traumáticas o privados de cariño o cuidados.

Que habían tenido conflictos para desarrollar la relación de apego en donde el cuidado o cuidadora le dio amor incondicional.

Esto es algo que provoca vulnerabilidad de afecto y relación, por ser una etapa importante en el desarrollo de los patrones de comportamiento y relación de la persona consigo y con otros. sí desde pequeño un niño tiene rechazo, abandono, falta de atención, su ánimo va a variar, llora más, le cuesta diferencia si tiene sueño o hambre, si se pota bien o no, la estructura más básica que necesita para comenzar a comprender el mundo se sostiene por pilares débiles y esto no favorece las capacidades resilientes. El apego seguro es base para edificarse resiliente.

Luego, el niño crece, se generan otras posibilidades de generar vínculos o relaciones reparadoras del proceso anterior, por lo que un niño o adolescente puede reconstruir parte de lo que en un primer momento se pudo forjar. Lo vemos como proceso dinámico, interacción con otros que es susceptible de ser entrenado y reforzado.

¿Qué dice la neurociencia?

La neurociencia considera que las personas con resiliencia tienen más equilibrio emocional ante situaciones de estrés, soportan mejor la presión, esto les permite una sensación de control ante acontecimientos y más capacidad de afrontar situaciones estresantes y difíciles.

Algunos autores en el ámbito de la biología dicen que esta se manifiesta a nivel biológico, neurofisiológico y endocrino. Respondiendo a los estímulos del ambiente.

La investigación neurológica ha demostrado que las evocaciones del trauma y estrés se dan con activaciones autónomas de diversas partes del cerebro, especialmente las de la memoria y las de vigilancia, es decir, se activan en distintas áreas del cerebro como núcleos de la amígdala, el locus cerúleo, el hipocampo y el neocórtex.

Es la dualidad mente y cuerpo donde ambos se retroalimentan y expresan, de uno u otro modo la respuesta del individuo es una situación de estrés y sufrimiento. El sufrimiento psicológico provoca en las personas modificaciones químicas que son perceptibles en los análisis, especialmente el cortisol que se relaciona con aumento en el estado o hiperalerta, así como atención focal, el exceso de cortisol implica problemas de desarrollo, reproducción de respuestas inmunes adecuadas. Esto explica lo visto en personas sometidas a estrés, o las de larga evolución, reducción de pensamiento asertivo, menor creatividad y proactividad, frecuencia de ideas estereotipadas, repetición de esquemas, disfunciones sexuales.

En resumen, el cortisol atenta contra la resiliencia, fortaleza la resiliencia y repercute en el estado mental.

Como ser más capaz ante las adversidades

Como se ha mostrado antes, a pesar de que las experiencias tempranas y los factores de personalidad se establecen en la adolescencia, son dos guías que marcan ciertos aspectos de la capacidad para adaptarse y ser resiliente. Hay cosas que se pueden hacer para reducir los factores de riesgo y aumenta los protectores en situaciones de estrés y sufrimiento.

El salir fortalecido de las situaciones adversas puede implicar que en un futuro ante situaciones que nos despierte los mismos sentimientos de frustración, rabia, tristeza o desesperanza, podamos reaccionar de manera distinta, escribir otro final en la historia.

Para ser más resiliente tenemos que fortalecer las cualidad que nos permiten adaptarnos de manera positiva a las situaciones adversas o de sufrimiento.

A lo mejor tenemos desarrolladas más unas cualidades que otras, sería bueno buscar un equilibrio o reforzar esos que necesitamos sin buscar abarcar todos, lo que es importante en nuestro ritmo.

Los cambios necesitan comenzar por el primero de ellos, conocernos mejor para saber cómo afrontar las situaciones dolorosas o de traumas.

Cualidades de una persona resiliente

Estas son las cualidades de alguien que es resiliente:

Autoconocimiento y autoestima de la persona resiliente

Esta es un arma poderosa y las personas resilientes la saben usar a su favor. El saber cuáles son las fortalezas y habilidades, así como limitaciones y debilidades, el poder ponerse metas realistas, objetivas que identifiquen aspectos que se puedan mejorar, es un camino directo para fortalecerse.

Además de conocerse, es saber la importancia del trabajo en equipo y cuando toque, pedir ayuda sin pudor.

El autoconocimiento permite que se mejore la capacidad de reconocer y expresar las emociones. Especialmente en momento donde suframos, esta es una buena forma de afrontar situaciones de dolor.

También nos permite identificar emociones de enfado que hagan que nos comportemos de manera poco saludable.

Se ve que, a mayor actividad cognitiva y capacidad intelectual, aumenta la resiliencia, no solo emocional, sino de neuronas y parte biológica de afrontamiento del estrés.

La persona con más conocimiento de sí misma y de la realidad puede procesar y elaborar eficazmente traumas y factores de estrés.

Empatía y resiliencia

La empatía es la capacidad de entender al otro y ponernos en su lugar, comprender los sentimientos y comprender los propios. Es algo resiliente, que permite que separemos pensamiento de acción, cuando sentimos enfado por alguien que queremos.

Cuando tenemos empatía, damos y recibimos afecto en flujo. Se incrementa la red de apoyo, algo muy importante en los resilientes.

La autonomía

La creencia de que uno puede influir en lo que pasa alrededor, perdiendo el temor a que las cosas se den de manera injustificada, o con causas ajenas al control. Esto hará que sea más fuerte la autoestima, y nos moviliza a la resolución de conflictos que de otro modo cronificarían el tiempo.

Afrontamiento de la adversidad

Afrontar las adversidades con humor es propio de las personas resilientes, son capaces de reírse de las adversidades y sacar bromas de las situaciones difíciles que ayudan a superarlas y mantenerse optimista y fuerte. Esto no es que en un funeral se tenga que usar el humor, sino que una situación de dolor ha llevado a que se sea capaz de recordar a una persona en momento divertidos, que busquemos espacios de felicidad con esa persona feliz que pasamos con ella, incluso cuando acordamos algo gracioso que se decía o hacía.

Hay que hacer un enfoque a lo positivo de las situaciones, abrir camino que estaban ocultos. También se evita la queja constante.

La creencia de que uno puede aprender de las experiencias, sean buenas o no, permite que se crezca y madure a lo largo de la vida.

Consciencia del ahora y del optimismo

Las personas resilientes tienen el hábito de vivir el aquí y el ahora, el presente, sin que las culpas del ayer o la incertidumbre del futuro afecte el momento que experimentan. Disfrutan los pequeños detalles y no pierden la capacidad para asombrarse ante la vida. De este modo es fácil encontrar enfoque en aspectos positivos que ofrece las situaciones, sean complicadas o no.

La consciencia del ahora puede ser complicada con los ritmos de vida actual, pero hay formas de entrenar la conciencia del momento, como el mindfulness.

Flexibilidad que se combina con perseverancia

El tener un propósito es una de las características de las personas resilientes. Es una meta que da fuerza interior para responsabilizarse y perseguirla, con flexibilidad y obstinación. El hecho de que las personas resilientes sean flexibles no implica que renuncien a las metas, al contrario, es algo las caracteriza es la capacidad para luchar, pero cuando se deja de tener sentido, se cambia el rumbo sin que se sienta mal por haber abandonado el objetivo inicial.

Es valiosa la capacidad para escuchar, las personas que nos rodean pueden tener información que complemente la propia y en alguna pueden ser guía para las metas o proyectos. Siempre crecemos en relación con los otros. el aislamiento social favorece que el pensamiento pierda flexibilidad y amplitud o perspectiva.

Hay que aprender a hacer realidad los deseos, con fuerza de voluntad y autocontrol emocional.

Sociabilidad en las personas resilientes

Las personas con resiliencia saben cultivar y valorar los amigos, por lo general se rodean de personas con actitudes positivas. De esta forma se puede hacer una red de apoyo para sostenerse en los momentos difíciles.

Cuando se pasa por sucesos potencialmente traumáticos, el primer objetivo es que se supere, se es consciente de la importancia del apoyo social, y no se duda en buscar profesionales cuando se necesitan.

Tolerancia a la frustración

Un de las tensiones principales y estrés es el deseo de querer controlar todos los aspectos de la vida, porque solemos tolerar mal las cosas. Un modo de ganar seguridad en nosotros y vivir con menos es aprender a lidiar con la incertidumbre para que nos cause el menor malestar posible.

El duelo y la pérdida

En la vida podemos estar expuestos a muchos eventos o situaciones de pérdidas, la muerte de alguien, el maltrato o abuso psíquico o físico, perder la salud, fracaso ante distinto ámbitos, catástrofes naturales, pobreza, cambios de rol en la familia incluso etapas vitales donde le envejecimiento nos hace perder capacidades o un determinado estatus social.

Cada una de estas situaciones son elementales para seguir creciendo, para generar cambios en nuestras vidas, para mejorar la aceptación y no estar desmotivados o impotentes ante los cambios.

Las personas con resiliencia saben que los momentos de crisis no van a ser eternos y que el futuro depende de la manera en la que reaccionen.

Los resilientes cuando enfrentan adversidades o quieren superar tristezas, se preguntan qué pueden aprender de esto.

Técnicas para mejorar la resiliencia

Veamos estas técnicas para saber afrontar las adversidades de manera constructiva, adaptando con flexibilidad y logrando salir fortalecidos:

- Conocerse a sí mismo, dedicarse tiempo y observarse: el conocernos mejor y fortalecer las cualidades permiten que nos adaptemos mejor a los cambios.
- Cuida cómo te hablas, qué te dices y confía en las capacidades, te tienes que hablar con cariño, respeto, siendo flexible contigo mismo, tolerando los momentos de malestar, sin culpar por sentir esto, equilibrando los recursos, sin caer en la autoexigencia o el perfeccionismo, respeta los ritmos, sin que te arrastre la presión.
- Humor y sonrisa en momentos difíciles, tienes que fomentar las emociones de placer, los momentos agradables, divertidos, distendidos, ellos servirán para que desconectes, liberes tensiones, fomentes las ilusiones, motivaciones y esperanza.
- Aprende cosas, con enfoque positivo ante las adversidades. La

dificultad puede ser una oportunidad para aprender a entrenar las capacidades, no te tienes que centrar en el problema y la queja. Busca soluciones, aprende, la adversidad tiene el don de despertar talento que en la prosperidad hubieran permanecido dormidos.

- Salud y equilibrio emocional. Tienes que identificar, analizar y regular lo que sientes. Todo es emoción. Tú eres emoción. Las emociones guían lo que decidas. Las motivaciones y las ilusiones. Aprende a identificarlas, regularlas, tolerarlas, aceptarlas, para que decidas cómo vivir, fomentando el bienestar y la serenidad.
- Comparte emociones y fomenta la expresividad, una persona que es resiliente libera emociones ante situaciones adversas, expresan lo que sienten y piensan, lo hacen sin generar daño a otros, esto les ayuda a liberar tensiones acumuladas. Es inteligente dejarse ayudar y pedir ayuda cuando corresponde.
- Contacto social es elegir con quien quieres vivir, quien debería estar a nuestro lado, aprender, crecer y compartir el tiempo. Eliminar lo que se debería, las obligaciones, presiones auto impuestas, el contacto social hace que se tenga la mente más abierta, más flexible y tolerante ante las circunstancias.
- Ponte limites, tolera la incertidumbre. Es normal que se tengan incertidumbres, la seguridad y la tranquilidad de saber lo que sucederá, pero no es posible tener todo bajo control.
- Cuida y mejora la salud física. El exceso de cortisol que se da por el sufrimiento psicológico mantenido en el tiempo, empeora la resiliencia, aumenta el estado de hiperalerta y reduce el pensamiento asertivo, la proactividad y afecta a las respuestas inmunes. Una persona resiliente se cuida, así contrarresta los efectos de las adversidades.
- Sé realista. En la vida se dan sucesos positivos y negativos, la vida es un cambio constante, es una cualidad maravillosa, no caigas en la personalización, no todo te pasa a ti.
- Cuida a dónde llevas la atención. Hay emociones como la ansiedad, el nerviosismo, la inquietud o el enfado, pueden

afectarnos a la hora de interpretar la realidad. Dependiendo de dónde nos enfoquemos, nos sentiremos de un modo o de otro, debes intentar tener una visión conjunta y centrarse en lo racional, no solo en lo que interpretas.
- Vive que el miedo no condicione la vida, dejemos de sentirnos atrapados por los pensamientos anticipatorios, por las emociones como el miedo, la impotencia o la vulnerabilidad, trabajamos a diario para aceptarlas y regularlas, tomar las riendas de la vida y sentir libertad viviendo el ahora

Ten empatía

Ser empático es tener interés por las personas, conocer sus culturas, aficiones y situación de ahora, conocer las necesidades y los objetivos. Solo así se puede poner en lugar de otros. las claves para ser empático son:

- Tener una escucha activa con la intención de entender al otro.
- Partir de la base de la forma de ver las cosas que es única y que todos los puntos de vista son válidos y se respetan.
- Entrenar la capacidad para entender las emociones como base para entender a los otros.
- No dar consejos sin petición.
- Enfocarse en comprender a otro en vez de juzgarlo.
- Eliminar prejuicios y estereotipos.
- Evitar relativizar el problema del otro, lo relevante es sí para él, es importante y no pensemos igual.
- No sacar conclusiones ni acudir a explicaciones simplistas.
- No prestar atención sin mostrar interés.
- No tener prisa y respetar los tiempos.

Uno de los elementos clave en el hecho de la empatía es la capacidad para escuchar de manera activa, que se puede definir como una serie de comportamiento y actitudes que preparan a la persona para escuchar y concentrarse en la persona que habla y proporciona respuestas. Sin embargo, una serie de obstáculos o de actitudes pueden llevar a que se afecte la escucha activa.

- Atender varios temas a la vez. Si se divide la atención difícilmente se podrá concentrar en el interlocutor.
- Centrarnos en nosotros en las preocupaciones, en vez de la otra persona, puede llamar a distracciones internas.
- Hablar en vez de escuchar, en estas situaciones nos concentramos más en lo que se quiere que en lo que se percibe.
- Escuchar con carga emocional fuerte.
- Estar en un entorno con ruido o sonidos inapropiados, distracciones del exterior.

Ejercicios para mejorar la empatía

La clave de todo esto es que se logre tener más empatía y aprender a ponerse en el lugar del otro, dejando de ser tú por un momento y entender los deseos y miedos del otro sin estar pendiente de lo que se vaya a decir a continuación. Es una especie de meditación, veamos cómo lograrlo.

Deja de escuchar por cinco minutos y te fijas en otras cosas. Normalmente le damos más significado a las palabras que a lo demás que somos capaces de percibir, la postura, el tono, la expresión, mirada, silencios... se capta la información de un modo inconsciente, pero la racionalidad la esconda cuando da más importancia a las palabras textuales, entonces, hay que callar la razón y darle paso a la intuición.

Para entender a alguien hay que intentar imaginar lo que motiva a hacer lo que se hace, hay que pensar en alguna dificultad que se halle en el día a día. Por ejemplo, un comerciante puede que tenga el negocio con pocas ventas, los ingresos no son buenos esta temporada y pagar el alquiler es más duro. Reflexionar sobre esto un momento antes de hablar puede aumentar la empatía.

La otra persona puede ponerse de tu parte, para que se abra más a la pregunta ¿cómo estás? Y espera. Mueve el cuerpo hacia la persona y le ofreces la atención. No solo es una cortesía, incluso el tocarle ligeramente en la parte superior del brazo puede hacer que se sienta más comprendida y libre de expresarse.

No se te ocurra exponer conclusiones con lo que te diga. Evita frases como tu problema es que... si percibe que entiendes no sentirá que es su problema únicamente, pero si siente que le vas a sermonear se cerrará.

Parafrasea y reformula el mensaje, añade la emoción que creas que experimenta: así que nadie te ha llamado en dos semanas... eso seguramente te ha sentir solo ¿verdad?

Vas a lograr que se sienta comprendido y lograrás que pase de hablar de hecho a hablar de emociones y esa es la clave de la empatía.

Sal varias veces al día de tus zapatos y entra en lo de los demás, te tienes que esforzar por un tiempo en hacer todo esto y dentro de poco verás que te sorprendes haciendo lo mismo de manera casi inconsciente y lograrás tener empatía.

Todas las relaciones sociales tienen que ver con la empatía. Es imposible que odies a alguien si de verdad le entiendes. Todos somos humanos con las mismas emociones y motivaciones. Solo nos han puesto en sitios distintos.

Cómo trabajar la intuición para poder ir mejor por la vida

Ahora que hemos abordado la resiliencia y la importancia que tiene la empatía en el día a día. Es bueno que conozcas la intuición, porque con ella podrás dar mejores pasos en la vida.

Una de las claves para poder tener éxito en los negocio es que se tenga buena intuición. Las personas con gran capacidad para intuir que son capaces de guiarse con mucho más acierto por los senderos de la vida.

La intuición se define como la habilidad para conocer, entender o percibir algún aspecto importante de la realidad de manera clara, aún sin la intervención del escrutinio racional. Es decir, que la intuición nos permite que tomemos buenas decisiones de manera efectiva y rápida. Advierte de peligros y nos ayuda a crear una visión más amplia sobre las cosas que nos rodean.

Hay muchas técnicas y estrategias para desarrollar estar habilidad para intuir. Veamos unos ejercicio más potentes a la hora de desarrollar la capacidad de intuición.

La intuición en esta guía vital que de manera semi automática nos ayuda a tomar buenas decisiones, resuelve problemas y se es más exitoso en los ámbitos de la vida. Profesional, académico y personal. Sin embargo, es una habilidad que no se puede tomar en cuenta y por tanto no se le presta mucha atención desde las instituciones públicas. Esto hace que el sistema educativo no potencie el desarrollo de la intuición, a pesar de los beneficios que tiene capacidad para afrontar en el día a día.

Para poderte ayudar a comprender las bondades de la intuición y para que puedas potenciar la habilidad, se ha investigado el tema y estas son las estrategias para que puedas activar ese sexto sentido, el complemento cierre para que puedas comenzar a trabajar y lograr el éxito:

Confía en los pálpitos

Va a ser complicado que logres desarrollar la intuición, si constantemente niegas la influencia sobre las decisiones del día a día. Para mejorar habilidades intuitivas, se debe empezar para otorgarles credibilidad, la suficiente como para, por lo menos, tener en cuenta las corazonadas que se tengan a diario.

Sucede a menudo, se tiene que tomar una decisión importante en la vida. Uno de los posibles caminos, desde el plano racional parece buena idea, no te genera buena espina, hay algo en este punto que, aunque de manera racional no se puede expresar con palabras, no te genera confianza. En este momento la intuición te da una señal de alerta. Ese camino no parece el que más se desee.

Es probable que te libres de ser atropellado gracias a un pálpito, a una intuición súbita que te hace parar de golpe justo cuando un coche te iba a atropellar. No tuviste un momento para analizar ese peligro, solo notaste que se acercaba y actuaste, cuando la emoción que nos genera algo, o alguien, es más bien negativo, estamos ante intuición que actúa. La voz interior que tiene la capacidad para hacernos notar que hay algo que no nos convence. Se tiene que potenciar el pensamiento heurístico, para lograr que sea capaz de responder las exigencias del día a día.

Diferenciar entre intuición y prejuicio

Esto es importante, los prejuicios no son comparables con la intuición. Los prejuicios son ideas preconcebidas que nos hacen tener aversión a determinadas personas por el origen étnico, religioso, social o cultural o por algún otro rasgo físico y personalidad que se asocia con algo malo.

Hay que intentar diferencias claramente intuición y prejuicio. La intuición debe ser una brújula emocional, pero es importante que se logre distinguir entre emociones e ideas preconcebidas o que nos inocula culturalmente. Si la intuición nos manda señales de aviso para que no confiemos al 100% a alguien, se tiene que tratar de sopesar hasta qué punto la señal está interferida por prejuicios y estereotipos que podamos tener en contra de esa persona y fijarnos en no influirnos negativamente por una experiencia pasada.

Medita y haz mindfulness

Todo lo que ayude a conocernos mejor a nosotros mismos y redunda en una mejora de la intuición. Si se practican milenarias de meditación, incluso filosofías como mindfulness que tienen grandes beneficios como vimos anteriormente. Nos hace ser capaces de absorber estímulos e información incluso cosas que antes nos pasaban desapercibidas. Además, las técnicas de meditación nos reportan un equilibrio emocional.

La meditación exige una práctica continuada. No vale que te pongas a meditar un día sí y otro no, se tiene que entender que es un hábito que requiere constancia, simplemente para hacerlo es que te pongas cómodo en el lugar donde haya pocos elementos disruptivos, pones la espalda derecha y te relajas.

Poco a poco, la ansiedad, el estrés y las preocupaciones cotidianas se van esfumando, a base de una buena técnica de respiración. Aprovecha para que escuches esa voz, que se liga con la habilidad para la intuición.

Con la meditación también consigues desvanecer el estrés y es una buena forma de aumentar la concentración y la creatividad, solo tiene ventajas.

La técnica curiosa, la visualización de paisajes

Hay varias técnicas potentes para desarrollar la intuición. Una de ellas es la visualización.

Primero tienes que cerrar los ojos y centrarte en la respiración, acomodarte y tratar de encontrar un espacio.

Visualiza un paisaje que te transmita seguridad y buenas vibraciones. Mira con atención e intenta reparar en los detalles existentes, el aire, los aromas, colores, detalles, guarda en la memoria los detalles.

Respira con calma y en profundidad, abre los ojos, a lo mejor notas que te sientas más a gusto. A lo mejor notas que te sientas más a gusto, además habrás mejorado la intuición, especialmente si practicas esta técnica habitualmente.

Sueños lúcidos y el inconsciente

Los sueños lúcidos, a lo mejor la respuesta es que sí, casi todos en alguna ocasión has logrado dominar los sueños mientras se duerme, puede manejar a nuestro antojo lo que sucedía en él.

La capacidad para controlar el inconsciente durante el sueño puede ayudar a ser consciente de la realidad, por tanto, aumenta la intuición.

Cómo tener sueños lúcidos. Después de que te duermas y reposes en la cama, piensa y reflexiona sobre las cosas que te llaman la atención durante el día. Intenta dar respuesta a las preguntas que quedan sin atender las intenciones de personas con las que compartes algo. Esto logra evitar la imaginación y estimula el inconsciente para que comience a pensar de manera creativa.

No es frecuente, pero si sigues este paso, a lo mejor logras tener sueños lúcidos, cuando despiertes no olvides anotar en una libreta el contenido de los sueños, juega a darle una interpretación personal.

Visualización de cuerpos geométricos

La visualización es clave a la hora de mejorar la intuición. Esto sucede porque permite que se acceda a las habilidades cognitivas relacionadas con la capacidad para anticipar y describir la realidad. Se asa en elementos sueltos, ayuda a integrar información y crearnos un mapa mental sobre la realidad.

La visualización con cuerpos geométricos hace que se pueda trabajar la inteligencia visual y espacial, que se relaciona con la creatividad. La técnica es la siguiente:

- Cierra los ojos e imagina una pantalla blanca justo enfrente de ti.
- Intenta proyectar, imaginar que en esa pantalla aparece un cuerpo geométrico bidimensional, puede ser un cuadrado, círculo o triángulo. Ten esa imagen visual de dos minutos y luego imagina otra figura.

Descansa por unos minutos y luego cierra los ojos. Imagina varias figuras combinadas. Por ejemplo, un cuadrado dentro de un círculo, vas complejizando el ejercicio con otros cuerpos. Un cuadrado dentro de un círculo que están a la vez, rodeados por un gran triángulo.

Trabaja la empatía y practica

La empatía es una cualidad por medio de la cual podemos ponernos en el lugar de otros, entendiendo y solidarizando con las circunstancias y las opiniones.

La intuición aparece con la habilidad para interpretar las emociones y los sentimientos ajenos. Puedes hacer una habilidad e intuición que piensas con las personas y tienes lo suficiente con ellos. Puedes preguntar si estabas en lo cierto. Te va a sorprender de lo relativamente sencillo que es. Adivinar el estado de ánimo de alguien.

CONCLUSIÓN

Estamos en una sociedad que ha comenzado a darle más valor a las conveniencias y los intereses de algunos que en el bienestar de todos. Aunque este es un valor pilar para el buen desarrollo de las comunidades. Muchos consideran irrelevante y no entienden lo importante que es tener disciplina en la vida.

Seguramente ya viste en este trabajo que ser disciplinado es esencial, los SEALs lo tienen claro, si no, solo basta con ver lo que consiguen en sus misiones y todo se basa en la disciplina.

Para algunos el generar cualquier tipo de habito en las vidas resulta una tarea complicada, sin embargo, la disciplina cuenta con más ventajas que desventajas. Aunque si se piensa bien, puede que no haya desventaja en tener disciplina. Es un hábito que se genera basado en el compromiso y el autocontrol, porque como personas tenemos definidos los objetivos y cómo los podemos lograr sin caer en las tentaciones o distracciones del libertinaje.

La disciplina tiene mucho valor, orienta, capacita, corrige, se basa en lineamientos y principios éticos. También aborda normas para poder vivir sanamente en comunidad.

La disciplina es una manera de conseguir planeación en ejecución. Aunque haya imprevistos que puedan darse, por ejemplo, en el espacio laboral.

En el ámbito personal, la disciplina nos deja algo parecido, es decir, si tomamos la decisión de que hagamos alguna actividad, tenemos que hacerlo sin que nos afecten las circunstancias, por ejemplo, cuando decidimos pararnos temprano cada día para hacer ejercicios y caminar, simplemente se tiene que hacer y cumplir con lo decidido.

Puede que te pregunten por qué es importante tener disciplina para alcanzar metas, la verdad es que te sirve para que tengas equilibrio dentro del sistema, entidad o proceso, permite un buen desarrollo de manera eficiente. Si no tienes disciplina no tienes orden, si no hay orden todo es un desastre. Por eso es que se tiene que tener enfoque en todos los aspectos.

La disciplina comienza a temprana edad. Es importante en el proceso de enseñanza y desarrollo en los niños. Esto les permite ser personas más seguras de sí mismas porque aprenden parámetros establecidos para el comportamiento. Hay pautas que ayudan a relacionarse con los demás y prepara para tener un desempeño adecuado en la sociedad.

Hay otra disciplina que también no exige compromiso, en este caso somos nosotros mismos, es importante que podamos llegar al éxito en cualquier meta que pones pongamos, se define como el manejo, control y desarrollo de la fuerza de voluntad, la cual vamos a usar para seguir con los proyectos.

La autodisciplina es esencial, es sacrificar lo que se necesita para obtener metas, para algunos puede ser poco relevante o difícil de lograr, siempre es algo importante, porque se participa en los pilares para el desarrollo de la sociedad.

Ya viste todas las maneras que hay para que cultives la disciplina, haz lo que planificas, es decir que, si estableces que entrenas tantas veces a la semana, pues cumple con eso que te pusiste.

Si te vas a bañar con agua helada en las mañana para estar activo, pues te bañas. Si vas a salir a correr todos los días pues lo haces, si vas a estudiar el nuevo idioma a diario, cumples.

El ser auto disciplinado es simple, pero eso no quiere decir que sea sencillo, aun cuando se trata de cumplir con algo que se tenía planeado hacer. Cuando se puede manejar totalmente el cuerpo la mente para comenzar a ser constante se puede ver el gran poder que se tiene. Con el apoyo de la disciplina puedes hacer las cosas de manera adecuada.

Es por esto que tienes que ponerte en marcha con la disciplina que es una cualidad que sirve para que cultives en el proceso de la vida y te ayude a lograr metas y conseguir compromisos a diario. La idea es establecer un orden, cumplir con las normas y los procesos, seguir el plan que nos guía al objetivo.

La disciplina se aplica en diferentes áreas, puede ser en el trabajo, las actividades deportivas, los estudios, los negocios…

Las personas que se destacan y tienen éxito es porque son disciplinados, que trabajan por alcanzar los logros. Por eso es que es importante que animes la educación y la relevancia en los hijos desde que son pequeños.

Para que puedas lograr el éxito en la vida, tienes que tener disciplina, hay cualidades como constancia, esfuerzo, talento, inteligencia, creatividad y todos los que tratamos aquí, que son claves para lograr el objetivo. Es importante saber cómo ser más disciplinado, trabajar en ello si se quiere alcanzar la meta.

Como se ha venido desarrollando, la disciplina requiere autocontrol, poner normas, reglas, objetivos para lograr lo que se ha propuesto. Si se falla puede que nos fallemos a nosotros mismos, por eso cuando se cumple lo que se impone, nos sentimos mejor.

Aprender a establecer compromisos con nosotros mismos es parte de la disciplina, el comprometerse con visiones claras del futuro, de lo que queremos sin que nada pare la carrera para lograr metas.

La disciplina requiere esfuerzo, tenemos que ser consciente de lo que somos capaces y si podemos dar más, especialmente cuando queremos tener excelencia, hay que salid de la zona de confort. El hábito de la disciplina es algo que se tiene que practicar cada día, como un SEAL, con el poder de ellos, con el temple, como si se estuviera en la Semana del Infierno.

Así es que se podrá alcanzar el éxito y todo lo que te propongas en la vida.

www.ingramcontent.com/pod-product-compliance
Lightning Source LLC
Chambersburg PA
CBHW021442070526
44577CB00002B/258